Der Allgeist GOTT spricht unmittelbar durch Seine Prophetin in unsere Zeit hinein
Er spricht nicht das Bibelwort

Band 2

Der Allgeist, GOTT, spricht unmittelbar durch Seine Prophetin in unsere Zeit hinein

Er spricht nicht das Bibelwort

Band 2

Verlag DAS WORT GmbH
DER UNIVERSELLE GEIST
LEBEN IM GEISTE GOTTES

1. Auflage 2004

Max-Braun-Straße 2
97828 Marktheidenfeld-Altfeld
Tel. 09391/504-135, Fax 09391/504-133
Internet: http//www.das-wort.com
e-mail: info@das-wort.com

Druck: Santec Studio und Druckerei GmbH,
Marktheidenfeld

ISBN 3-89201-196-6

Inhalt

Der Allgeist, GOTT,
spricht unmittelbar durch Seine Prophetin
in unsere Zeit hinein

Er spricht nicht das Bibelwort

Band 2

Einführung

Gott, der Ewige, spricht mit Macht in diese Zeit hinein. Er spricht nicht das Bibelwort.

Warum erneut das Wort Gottes? Gab nicht Jesus uns die Wahrheit der Himmel?

Der wahre Jesus, der Christus, ist nicht der Jesus der Kirchenlehre. Jesus war vor 2000 Jahren gekommen, mit den Irrlehren der damaligen Priesterschaft aufzuräumen und die Menschen in ein Leben der Freiheit und der Einheit von Mensch und Natur zu führen. Heute ist Christus wiedergekommen – in Seinem Wort, das gegeben ist durch den großen Gottespropheten der Jetztzeit, eine Frau: Gabriele.

Dies war notwendig, weil die Wahrheit, die Jesus vor 2000 Jahren gebracht hatte, nicht nur nicht umgesetzt, sondern sehr bald verfälscht wurde und in äußeren Formen erstarrte. Der Mensch wurde vom Quell des Lebens, Gott, in seinem eigenen Inneren abgeschnitten; der gütige himmlische Vater wurde ihm durch Falschlehren entfremdet, so daß er geistig gleichsam verwaiste. Haltlos in seinem Inneren, folgte der Mensch dem Ungeist der Welt, der diese in das Desaster, in immer schwerwiegendere Katastrophen aller Art, führte.

Nun ist die Not groß. Viele wissen nicht mehr aus noch ein. Wo ist Hoffnung? Wo sind Sicherheit, wo Trost, Freiheit und Glück zu finden?

Ist auch der fortschreitende Niedergang der materialistischen Welt für jeden ersichtlich – gerade diese Zeit ist nach Jesus von Nazareth zugleich die höchste kosmische Zeit: In unzähligen Offenbarungen bringen Gott-Vater, Christus und weitere Geistwesen uns Menschen die göttliche Kraft, Liebe und Weisheit nahe. Das göttliche Offenbarungswort zeigt dem Einzelnen den Weg nicht nur zum Verstehen seines Erdenschicksals und zu dessen Bewältigung, sondern jeder hat auch die Möglichkeit, in ein Leben in

Frieden mit sich selbst, mit seinen Mitmenschen, mit den Tieren und mit der Natur zu gelangen.

Vor ca. 2000 Jahren sprach Jesus von Nazareth: *Ich hätte euch noch viel zu sagen, doch könnt ihr es jetzt noch nicht fassen. Wenn aber der Geist der Wahrheit kommt, wird er euch in die volle Wahrheit führen.* Dies geschah und geschieht nun durch Gabriele. Sie gibt im Prophetischen Wort die allumfassende universelle Lichtsprache des ewigen Geistes in all ihren Facetten in unserer menschlichen Sprache wieder, in einer Tiefe, Klarheit, Prägnaz und Reichhaltigkeit, die in der Menschheitsgeschichte einmalig sind. Da Gabrieles geistiges Bewußtsein voll erschlossen ist, sie also im Gottesbewußtsein lebt, schöpft sie unmittelbar aus dem ewigen Strom und reicht uns Menschen die ganze Wahrheit.

Seit 30 Jahren ist der Menschheit das mächtige göttliche Offenbarungswort in einmaliger Fülle gegeben. Menschen auf der ganzen Erde lesen die befreiende Botschaft der Himmel in vielen Sprachen in Büchern, Broschüren, hören sie auf Audio-Cassetten und CDs. Derzeit strahlen Hunderte von lokalen Radio- und Fernsehstationen weltweit die Lehre des Christus Gottes durch Gabriele aus. Viele hörten sie und fanden dadurch neue, ermutigende Perspektiven für ihr Leben.

Im vorliegenden Band sind Gottesoffenbarungen zu verschiedensten Anlässen aus den Jahren 1986 bis 1996 wortgetreu wiedergegeben; so manches Offenbarungswort weist auf die damals aktuelle Situation hin.

Christus sprach im Jahr 1993:

„Die ewige Wahrheit ist so weit ausgegossen, wie sie Menschen zu verstehen vermögen. Sie liegt vor in Wort und Schrift, und jeder kann sie erlangen; und so er die rechte Geisteshaltung hat, kann er die Wahrheit auch verstehen, weil er sich nicht an den Buchstaben klammert, sondern das Wort dem Sinn nach erfaßt. Das ist dann das heilige Leben, und dieses heilige Leben heiligt gleichsam die Seele und den Menschen.“

Der Allgeist,
GOTT,
spricht unmittelbar
durch Seine Prophetin
in unsere Zeit hinein

Er spricht nicht das Bibelwort

Finde Freiheit in Gott

Offenbarung von Christus, 1996

Ich Bin der Ich Bin, der freie Geist des Universums im Universum, in allem Sein. ICH BIN heißt: Ich Bin das Wort, und das Wort ist in Gott, und Gott ist das Wort. Ich Bin das Wort. Ich Bin Christus, der Sohn des ewigen Vaters. Mein Wort ist das Wort der Himmel, das durch Prophetenmund spricht.

Viele Menschen in allen Völkern dieser Erde stellen immer wieder die Frage: Was ist ein Prophet?

Ein Prophet ist mit einem Dolmetscher zu vergleichen. Der Dolmetscher der Himmel versteht die Sprache der Himmel, denn er lebt nach den Gesetzen der Himmel. Ein Prophet dolmetscht also Meine Sprache, denn Ich habe nicht die Sprache der Menschen. Der Prophet, gleich der Dolmetscher, dolmetscht also Meine

Sprache in der Muttersprache des Propheten. Die Muttersprache des Propheten wird in viele Sprachen übersetzt und gedolmetscht, so daß ihr Menschen in allen Völkern dieser Erde Mein Wort zu verstehen vermögt, dann, wenn ihr den Sinn des Wortes erfaßt und nicht nur die Schale, das Wort selbst.

Mein Instrument, Meine Prophetin, ist also Meine Dolmetscherin und ist allen Menschen als Schwester gleichgestellt. Im freien Geist gibt es keine Unterschiede. Alle Menschen sind Brüder und Schwestern, weil sie Kinder des ewigen Vaters sind.

Viele Menschen in den Völkern dieser Erde stellen immer wieder die Frage: Was ist universelles Leben?

Gott ist Geist. Gott ist das Leben. Gott ist allgegenwärtig. In allen Universen ist Gott. In jedem Baustein der Materie ist Gott. In jeder Zelle des physischen Leibes ist Gott. Gott ist also universell, ewig gebend, das Leben. Deshalb habe ich Mein göttliches Werk Universelles Leben genannt. Es ist der universelle Geist, das Leben.

Viele Menschen haben das Universelle Leben zu einem Begriff gemacht und sind der Ansicht, nur unter diesem Begriff könnten sie sich versammeln. Ich aber sage euch: Das universelle Leben ist der universelle Geist, o Mensch, in dir, in dir, in dir, in jeder Seele, in jedem Menschen. Bist du erwacht zum universellen Leben, das heißt, hast du den Geist des Lebens in dir gefunden durch die schrittweise Erfüllung der Zehn Gebote und der Bergpredigt, dann ist „Universelles Leben" für dich kein Begriff mehr, sondern der lebendige Geist in dir, weil du als Mensch zu leben begonnen hast. Denn wahres Leben ist Leben in Gott; alles andere ist Vegetieren.

Im Universellen Leben, im freien Geist, gibt es keine Hochgestellten und Untergebenen. Im Universellen Leben gibt es keine kirchlichen Obrigkeiten und keine Mittler. Im Universellen Leben, unter dem himmlischen Dach des Geistes Gottes, versammeln sich all jene, die wahrlich Mir, dem Christus Gottes, nachfolgen wollen. Ich Bin die zentrale Mitte in ihrem Leben. Sie bemühen sich täglich, die Schritte hin zum ewigen Geist der Freiheit zu tun. Denn freie Kinder hat Gott, der Ewige, geschaffen, und frei sollt ihr wieder werden – frei nach dem Gesetz des ewigen Lebens, das euer göttliches Erbe ist.

Die Liebe Gottes ist das Gesetz der Unendlichkeit. Die Liebe zu Gott beinhaltet auch die Nächstenliebe. Wer dieses höchste Gebot achtet, der wird ein freier Mensch, denn er bindet sich nicht an äußere religiöse Formen, sondern er ist verbunden mit dem Geist der Liebe und Weisheit, der in jeder Seele, in jedem Menschen, in der ganzen Unendlichkeit pulsiert.

O erkennet: Auch Meine Prophetin, Meine Dolmetscherin, ist allen Menschen gleichgestellt. Sie ist Schwester unter ihren Geschwistern – und mehr nicht. Nehmt dies alle in euer Bewußtsein auf. Freiheit heißt, in Gott zu leben! Und ihr sollt wieder freie Kinder des Geistes Gottes werden. Damit ihr erkennt, daß Ich der freie Geist Bin, spreche Ich außer-

halb eurer Institutionen Kirche, denn Ich habe als Jesus von Nazareth weder Dogmen noch Zeremonien geschaffen. Auch Bin Ich gegen jede Riten und Kulte. Ich lehrte euch schon als Jesus von Nazareth, in das stille Kämmerlein einzukehren, also in euer Inneres, um zu beten, um mit dem Geist der Freiheit Zwiesprache zu halten, auf daß ihr erkennt, wie nahe euch der Geist ist und wie nahe ihr dem Geist Gottes, der Liebe, seid. Es bedarf also weder der kirchlichen Obrigkeiten noch ihrer Dogmen, Zeremonien und Riten noch der Gebetsformeln und vielem mehr.

Wollt ihr Kinder des freien Geistes werden? Dann kehret in euer Inneres ein, in dem Bewußtsein, daß der Geist Christi, der Ich Bin, in euch wohnt, und betet im Stillen. Erfüllt eure Gebete im Alltag, und ihr werdet erleben, daß der freie Geist, der Christus Gottes, euer Erlöser, euch jeden Augenblick beisteht und hilft. Dann werdet ihr allmählich erkennen, daß ohne Atemtechnik, ohne lange Meditationen ihr zu Gott, dem Leben, findet – dann, wenn ihr eure Gebete im Alltag erfüllt und so

Schritt für Schritt zu den Zehn Geboten und der Bergpredigt findet.

O erkennet und erfasset in euren Herzen – ja in euren Herzen, denn mit dem Verstand könnt ihr Mein heiliges Wort nicht ergründen. Laßt es einsinken in euer Herz, und erfaßt den Sinn Meiner Worte: Euer Innerstes, eure Seele, ist ewiges Leben. Somit seid ihr Kinder des ewigen Gottes, weil Gott das ewige Leben ist. Gott ist der Vater aller Seiner Kinder. Ob es die Seelen in den Seelenreichen sind, ob es die Menschen auf dieser Erde sind – was der Mensch auch denkt, wie er auch lebt, er bleibt im Innersten das Kind des ewigen Vaters. Ist das Kind erwacht, erfüllt es Schritt für Schritt die Gesetze Gottes, dann reift es heran zur Sohn- und Tochterschaft Gottes. Es reift also hinein in das ewige Leben, hinein in die Freiheit, hinein in das ewige Sein, das ewige Selbst.

O erkennet: Jedem Kind gab der ewige Vater die Unendlichkeit. Jedes göttliche Wesen ist also die Unendlichkeit selbst, weil es Erbe der

Unendlichkeit ist. Ihr seid also alle Erben des ewigen Seins. Infolgedessen seid ihr alle mündig, mündige Bürger des Reiches Gottes, die im ewigen Reich das Reich der Liebe und des Friedens nach den Gesetzen, nach dem göttlichen Erbe, verwalten, das göttliche Erbe mehren und so immer mehr Licht und Kraft empfangen.

Sehet, infolgedessen seid ihr alle mündige Bürger des Reiches Gottes und somit freie Wesen, denn der Ewige gab euch die Unendlichkeit, und somit seid ihr die Erben. Das bedeutet für jeden Erben, für jeden einzelnen von euch, die Freiheit. Ihr seid frei im Geiste der Liebe, so, wie die himmlischen Wesen frei sind, da sie ihr göttliches Erbe vermehren, in ihrem göttlichen Erbe, dem Gesetz der Liebe, des Friedens, der Freiheit, leben und gemäß ihrem Erbe wirksam sind.

Diese Freiheit, das göttliche Erbe, das Gesetz der Liebe, des Friedens, der Freiheit und der Gerechtigkeit ist in jedem von euch. Deshalb wird euch Gott niemals beeinflussen, denn ihr seid freie Bürger des Reiches Gottes. Niemals werde Ich, der Christus Gottes, ein Muß über euch verhängen, sonst würde Ich das göttliche Erbe euch absprechen. Wenn ihr euch mit den Geboten befaßt, dann heißt es: „Ihr sollt." Die Bergpredigt beinhaltet Regeln für das tägliche Leben – „ihr sollt".

O sehet, Ich mache euch keinerlei Vorschriften. Ich lehre euch wieder die Bergpredigt. Ich erkläre euch immer wieder, was ihr in euch tragt: die Fülle Gottes, das göttliche Erbe, die Unendlichkeit. Ich weise euch den Weg zu eurem göttlichen Erbe, doch Ich werde über euch das Muß nicht verhängen, denn ihr seid frei, mündige Bürger des Reiches Gottes. Das bedeutet für jeden Menschen: Wenn der Mensch sich als Bürger des Reiches Gottes erkennt und entsprechend verhält in seinem Leben, in seinem Dasein als Mensch, dann wird es ihm gut ergehen. Er wird besitzen, was er benötigt, und darüber hinaus. Er ist ein friedvoller Bürger. Er ist ein freier Bürger. Er ist gesund, lebensfroh und glücklich.

Wer jedoch gegen sein göttliches Erbe verstößt, indem er anders denkt und anders leben möchte, als das göttliche Erbe beinhaltet, dann ist er frei, anders zu denken, anders zu leben, sich also anders zu verhalten, so, wie er will. Doch nach dem ewigen Prinzip „Gleiches zieht immer wieder Gleiches an" werdet ihr auch wieder das anziehen, was ihr in eure Gehirnzellen, in euer Oberbewußtsein, in euer Unterbewußtsein und auch in eure Seele eingegeben habt, also eure Gefühle, eure Gedanken, eure Worte und eure Handlungen. Das ist dann das persönliche Erbe, das auf die Person bezogen ist, und hat mit dem göttlichen Erbe nichts gemeinsam.

Die himmlischen Wesen leben im göttlichen Erbe. Sie sind frei, glücklich, froh. Sie sind allbewußt und alllebend. Seid ihr krank, seid ihr leidend, habt ihr Angst und Sorgen, dann sind das eure persönlichen Eingaben, die auf die Person, auf euer persönliches Denken, Sprechen und Handeln, bezogen sind.

O erkennet: Eure Wissenschaft sagt: Keine Energie geht verloren. – Sehet, auch Gedanken, ja sogar Gefühle, auch Worte und Hand-

lungen sind Energie. Diese Energie geht nicht verloren. Sie bleibt bei euch, denn ihr habt sie selbst ins Leben gerufen, das heißt, sie sind zu eurem Leben, zu eurem Alltag, geworden. Das ist dann die Person und das Persönliche der Person, aber nicht das Göttliche, das göttliche Erbe des göttlichen Wesens.

Eure Technik sagt: Es gibt Sender und Empfänger. – Jeder Mensch ist somit ein Sender und auch ein Empfänger. Denn was er an Gefühlen, Gedanken, Worten und Handlungen produziert, das sendet er aus. Das hat er gespeichert in seinem Oberbewußtsein, in seinem Unterbewußtsein, in seiner Seele und darüber hinaus in den Speicherplaneten der Kosmen. Mit diesen euren Eingaben, die auf euch, auf jede Person, bezogen sind, steht ihr in Kommunikation. Wenn ihr immer wieder Gleiches denkt, werdet ihr auch aus eurem Sendepotential Gleiches abrufen und anziehen. Das prägt euch dann. Das beeinflußt euch. Das seid ihr selbst.

O erkennet und erfasset den Sinn Meiner Worte. Leben in Gott heißt, die Gesetzmäßig-

keiten eures göttlichen Erbes zu erfüllen. Dann werdet ihr auch als Menschen wohlwollend, friedvoll und tolerant leben. Dann werdet ihr mit der Zeit euren Nächsten achten und ihn als euren Bruder, als eure Schwester erkennen, weil alle tief in der Seele das göttliche Erbe tragen. Ihr seid also jedem Menschen, jedem Wesen gleichgestellt, denn Gott macht keine Unterschiede. Er gab jedem alles und jedem gleich viel. Wenn ihr das dem Sinn nach begreift, dann versteht ihr auch das Gesetz von Saat und Ernte: Was der Mensch sät, das wird er auch ernten. Was der Mensch an Ungöttlichem schafft, das wird er auch ernten.

Und so stellt sich die Frage: Wo ist die Gnade? Die Gnade ist in eurem Denken und in eurem Handeln. In dem Augenblick, wo ihr euch auf das Göttliche, auf eure wahre Herkunft, besinnt und in den Kreislauf der Bereinigung des Sündhaften eintretet, entwickelt sich die Gnade, die euch beisteht, das Sündhafte, das, was gegen euer göttliches Erbe ist, zu erkennen, zu bereuen, zu bereinigen und nicht mehr zu tun. Das ist die Gnade. Doch wenn ihr bewußt sündigen wollt, dann wird niemals das Muß über euch gesprochen; ihr habt den freien Willen, zu sündigen – oder euer göttliches Erbe wieder anzutreten, um frei zu werden von jeglicher Bindung an die Sünde, an Vorstellungen, an Meinungen, an Dogmen, an Zeremonien, an Riten, an Kulte, ja an äußere Tempel. Dann erlebt ihr, was es heißt; Ihr selbst seid der Tempel Gottes, und Gott wohnt in euch.

Das ist die zentrale Lehre, die Ich euch bringe. Erfüllt Schritt für Schritt die Gebote Gottes und die Bergpredigt, und ihr werdet Menschen des Friedens sein, Menschen der Liebe, Menschen der Güte, des Verstehens, des Wohlwollens, der Toleranz. Das ist der Weg zum Reich Gottes, das in euch wohnt, und das ist das zentrale Leben, das Ich euch lehre. Ich binde euch an keinen Menschen. Ich binde euch nicht an den Begriff Universelles Leben, denn es ist in Wahrheit kein Begriff, sondern universelles Leben ist Gott. Und wer die Gebote erfüllt, der wächst allmählich in das göttliche Erbe hinein, das universell ist.

O erkennet und erfasset in eurem Seelengrund, daß das zentrale Leben GOTT ist, denn Gott ist Leben. Leben in Gott heißt frei sein durch Gott.

So mancher von euch kam zum Göttlichen Prophetischen Heilen und dachte: „Jetzt wird der Christus Gottes meinen Körper heilen."

Wahrlich, Bruder, wahrlich, Schwester, wenn du so denkst, dann täuschst du dich. Ich heile deinen Körper nicht. Ich Bin der Seelenarzt und beachte als Erlöser deine Seele. Erkenne, o Mensch, in jedem von euch sind die Selbstheilungskräfte. Selbstheilungskräfte heißt, in jedem von euch ist das Selbst und die Macht des Geistes.

Viele Menschen haben die Selbstheilungskräfte verdrängt durch falsches Denken, Reden und Handeln. Würde Ich nun euren Körper heilen, würde Ich das bejahen, was ihr getan habt: die Selbstheilungskräfte außer acht zu lassen. Ich würde sie sogar verneinen und einen Teil eures göttlichen Erbes verneinen. So wäret ihr unmündige Bürger des Reiches Gottes.

Doch ihr seid und bleibt mündige Bürger des Reiches Gottes! Infolgedessen sage Ich zu euch: In jedem Menschen sind die Selbstheilungskräfte, das Überselbst, das Göttliche, oder auch die Macht des Geistes genannt. Denn in jeder Zelle, in jedem Atom, in jedem Molekül, in jedem Blutgefäß, in allen Bausteinen des Körpers ist die Macht des Geistes.

Ihr habt den freien Willen, die Macht des Geistes, die Selbstheilungskräfte, zu entfalten oder sie brach liegen zu lassen. Ihr bestimmt das durch euer Fühlen, Denken, Sprechen und Handeln. Und so mancher wird sich nun die Frage stellen: Womit habe ich die Selbstheilungskräfte meines Körpers brachgelegt? – O Mensch, erfasse den Sinn Meiner Worte: Senden und Empfangen.

Viele Menschen haben die Angewohnheit, immer über ihre Krankheit zu sprechen. Der eine spricht: „Ich bin krank." Der andere spricht: „Ich bin leidend." Der Nächste spricht: „Ich lebe in Sorge und Angst." O erkennet: Diese eure Gedanken mit all diesen Inhalten sind Bilder, die in euer Oberbewußtsein, in euer Unterbewußtsein, in euren Körper, in eure Seele und darüber hinaus in die Speichergestirne eingehen. Diese Falschgedanken, fehlgeleitete Gefühle, senden – und rufen genau das ab, wovor ihr euch ängstigt und fürchtet. Ihr sprecht von Krankheit und verstärkt die Krankheit in eurem Körper. Ihr sprecht von Leid und Sorge und verstärkt Leid und Sorge in eurem Körper. Irgendwann kommt das Sendepotential, eure Eingaben, auf euch zu und überfallen euch.

O erkennet: Wollt ihr frei werden von Ängsten, Sorgen, Leiden, Krankheiten und Nöten, dann erkennt euer göttliches Erbe: Freiheit im Geiste Christi! Erkennt die Gesetzmäßigkeiten des Lebens, die euch zur Freiheit im Geiste des Lebens führen. Es sind die Erfüllung der Zehn Gebote und der Bergpredigt, also Gesetzmäßigkeiten aus eurem göttlichen Erbe. Wollt ihr sie erfüllen? Dann t u t ihr dies im Alltag. Und das rechte Tun, die Erfüllung der Gesetzmäßigkeiten Gottes, eures göttlichen Erbes, bewirkt, daß ihr umdenkt. Ihr bejaht die Gesundheit, ihr bejaht den Gleichklang der Kräfte in euch. Ihr seid für eure Nächsten. Ihr seid mit euren Mitmenschen. Ihr strebt die Versöhnung mit euren Brüdern und Schwestern an. Ihr lebt so auch im Gleichklang mit euren Mitmenschen. Ihr haltet Frieden und Freundschaft mit euren Nachbarn und mit allen, die euch begegnen. Das ist das zentrale Leben, das euch frei macht!

O erkennet: Solange ihr über Krankheit redet, solange ihr euch ängstigt vor Krankheit, verdrängt ihr die Macht des Geistes in euch, die Selbstheilungskräfte. Wie kann Ich euch helfen, wo ihr doch nach Gottes Gesetz und Liebe freie Bürger des Reiches Gottes seid? Frei, zu sündigen – aber auch, die Sünde zu empfangen. Frei, nach dem göttlichen Erbe zu leben und das göttliche Erbe zu empfangen: Gesundheit, Freude, Glück, Wohlergehen, die Fülle des Reiches Gottes, den Frieden, das Wohlwollen, das Für- und Miteinander – das prägt ein Volk! Und das würde auch ein Volk dieser Erde prägen. Dann würden die Schwierigkeiten, die der einzelne mit sich selbst und mit seinem Nächsten hat, aufgelöst werden in dem Bewußtsein: GOTT ist das Leben!

O erkennet und erfasset: Ich zwinge euch zu nichts. Ich lehre euch, und Ich helfe euch. Ich Bin die Gnade, die Liebe in euch. Ich möchte euch in jedem Augenblick beistehen, auf daß ihr erkennt, daß das Größte im Seelengrund ist: Gott und eure Göttlichkeit. Hebt den Schatz eures göttlichen Erbes, und ihr werdet umdenken. Ihr bejaht die Gesundheit. Ihr bejaht die Freiheit. Ihr handelt mehr und mehr nach den Gesetzmäßigkeiten Gottes, nach eurem göttlichen Erbe. Und so reinigt ihr euren Körper und entwickelt die Selbstheilungskräfte, letztlich das Überselbst, das wahre Selbst, das Sein oder auch die Macht des Geistes oder die Macht des Christus genannt. Entfesselt also das Leben, und werdet zum Leben, und ihr beginnt, zu lieben. Ihr werdet dann auch das höchste Gebot erkennen: Liebet Gott von ganzem Herzen, mit all euren Kräften. Und all eure Kräfte sind wieder eure Gefühle, Gedanken, Worte und Handlungen, eure Lei-

denschaften. Ihr werdet vieles lassen und gottbewußt leben, friedvoll, harmonisch, gesund, freudig, glücklich, ihr werdet für euren Nächsten sein. Ihr sagt, das wäre das Ideale. Das ist auch das Idealbild in eurer Seele, und das ist das Wahre, das Ewige.

O erkennet, Göttliches Prophetisches Heilen heißt: Ich berühre eure Seele. Wollt ihr an Seele und Leib gesunden, dann müßt ihr selbst aktiv werden. Und diese Aktivität ist der aktive Glaube. Der aktive Glaube besagt, ihr legt einen guten Samen in eure Seele, in euren Körper. Und dieser gute Same wird keimen und Früchte bringen. Doch zweifelt nicht! Laßt den guten Samen im Boden, in eurem Körper, in eurer Seele, und versucht nicht, den Acker umzugraben, um zu schauen, ob der Same wahrlich keimt. Das sind dann wieder die Zweifel, die ihr in euren Körper und in eure Seele hineinsät.

O erkennet: Durch Mein Vollbracht am Kreuz als Jesus von Nazareth nahm Ich euch an Kindes Statt an, das heißt, Ich bereite euch den Weg zum Leben, zum ewigen Vater. Doch Ich berühre nicht euren Körper. Ich berühre eure Seele, denn Ich Bin der Erlöser aller Seelen, aber auch aller Menschen, dann, wenn ihr bereit seid, im aktiven Glauben zu stehen.

Viele von euch wissen um den Kreislauf der Bereinigung. Jetzt, im Göttlichen Prophetischen Heilen, begebt euch in den Kreislauf der Bereinigung, und fühlt die Nähe des Christus Gottes. O sehet, ihr seid frei! Deshalb ein Vorschlag: Der eine richtet sich auf, setzt sich aufrecht hin. Der andere hält inne, sei es mit seinem Fahrzeug oder wenn er zu Fuß unterwegs ist. Wisset, der Mensch ist gleichsam eine Antenne, die ausgerichtet werden soll auf das Göttliche, um Göttliches zu empfangen. Ihr könnt, so ihr wollt, eure Handrücken auf eure Beine legen. Ihr könnt aber auch die positiven Kräfte in euren Körper lenken, ohne daß ihr die Hände betätigt. Jeder so, wie er möchte.

Meine Kinder, fühlet die Liebe in euren Herzen, und richtet euch auf. Das heißt, setzt euch aufrecht hin. Wohin richtet ihr die Antenne? Zu Mir, dem Christus Gottes? Oder zu Komplexen des Zweifels, des Unvermögens? Wie ihr wollt. Doch der, der seine Antenne auf Gott ausrichtet, der fühlt die positiven Kräfte, die von seiner Seele aufsteigen und ihm beistehen, die Selbstheilungskräfte zu entfalten.

O sehet: Um einzukehren in euer Inneres, in das Kämmerlein, wenn ihr möchtet, schließt eure Augen, kontrolliert euren Atem, und bejaht die Christus-Gottes-Kraft in euch. Allzumenschliche Gedanken, drängende Gedanken, zweiflerische Gedanken weichen von dem, der die Antenne auf Gott ausgerichtet hat. Er atmet ruhig und tief. Die Gedanken schwinden. Er fühlt die Leichtigkeit des Körpers, weil der freie Geist stärker in ihm strömt.

O sehet und erfasset: Jetzt berühre Ich Sündhaftes in eurer Seele, das, was ihr jetzt erkennen, verstehen und bereinigen könnt, so ihr dies wollt. Ich berühre also Sündhaftes. Es steigt in euer Oberbewußtsein. Es zeigt sich in Gedanken und Bildern. Betrachtet euch selbst.

Und nun gehet ein in den Kreislauf der Bereinigung. Wollt ihr euer Sündhaftes bereuen und bereinigen? Dann strömt euch verstärkt die Gnade, die Hilfe, ja das Heil zu. In Gedanken bittet ihr um Vergebung. Ihr vergebt auch eurem Nächsten, der sich an euch versündigt hat. – Könnt ihr noch einiges gutmachen, tut dies nach Meinem göttlichen Wort.

O sehet, wer ernsthaft und gewissenhaft diesen Kreislauf belebt, indem er tut, was Gottes Wille und letztlich sein geistiger Wille ist, der fühlt, daß Ich in der Seele das Sündhafte umwandle. Es wandelt sich in Licht und Kraft um und strömt zu eurem Oberbewußtsein. Jetzt wißt ihr, wie ihr in Zukunft denken, sprechen und handeln werdet. Nehmt also euch fest vor, Gebote Gottes zu erfüllen. Sehet, durch diese Eingaben entwickelt ihr die Selbstheilungskräfte. Mit diesen Selbstheilungskräften, die in eurem Oberbewußtsein mehr und mehr aktiv werden, bejaht ihr die Gesundheit, bejaht ihr die Hilfe aus jeder schwierigen Situation, bejaht ihr das Glück, das in eurem göttlichen Erbe liegt, bejaht ihr den Frieden in eurem Herzen und den Frieden mit eurem Nächsten. Ihr sprecht von Gesundheit und legt so die Samen für die Ganzheitsheilung Seele und Körper.

O gehet abermals ein in den Kreislauf der Bereinigung. Wieder berühre Ich, Christus, euer Erlöser, in eurer Seele Aspekte von Sündhaftem. Sündhaftes steigt ins Oberbewußtsein. Wenn ihr wollt, löst euch davon. Erkennt euren Anteil, eure Sünden, also den Balken in eurem Auge, und sagt nicht sofort: „Aber der andere!" Bereinigt zuerst den Balken in eurem Auge, bevor ihr den Splitter im Auge eures Nächsten bearbeiten wollt. Erkennet euer Sündhaftes, und gehet ein in den Kreislauf der Bereinigung, so ihr dies wollt.

Bereut. Bereut.
Bereinigt. Bereinigt.

O sehet, jetzt erlebt ihr in eurem Oberbewußtsein Gesetzmäßigkeiten eures göttlichen

Erbes. Haltet sie im Oberbewußtsein fest, dann gehen sie auch in das Unterbewußtsein. So legt ihr gute Samen, Samen der Gesundheit, Samen des Friedens, Samen des Glücks, Samen der Freude. Die Macht des Geistes entwickelt sich in eurem Ober- und Unterbewußtsein. Der Körper schwingt leichter. Positive Kräfte schwingen in euren Handflächen. Positive Kräfte wirken sich in euren Fingerkuppen aus. Positive Kräfte fühlt ihr im gesamten Körper. Baut die Macht des Geistes, die Selbstheilungskräfte eures Körpers, aus.

Wieder berühre Ich Sündhaftes in eurer Seele. Wieder erlebt ihr euer Ego. Wieder erlebt ihr Sündhaftes. Und so ihr wollt, gehet ein in den Kreislauf der Bereinigung.

Bereut. Bereut. Und wer von Herzen bereut, der fühlt die Gnade Gottes.

Bereinigt. Bereinigt.

Nehmt euch fest vor, diese Sünden – Sünden des Hasses, des Neides, der Feindschaft, der Gehässigkeit und vieles mehr – nicht mehr zu tun. Gebt in eure Gehirnzellen, in euer Ober-

und Unterbewußtsein, Gesundheit, Freude, Frieden, die Hilfe Gottes ein, bei allen Sorgen und Nöten, in jeder Situation. Gebt in euer Ober- und Unterbewußtsein ein, daß Ich, der Christus Gottes, euch im Alltag beistehe, in allen Gesprächen. Ich Bin immer die positive Lösung. Schöpft Vertrauen zu Dem, der in euch wohnt, und ihr fühlt jetzt die Nähe Gottes. Der Atem geht tief. Ein Glücksgefühl schwingt durch euren physischen Leib. Ich berühre euch.

O sehet: In euren Herzen wird es warm. Die Körperzellen gehen auf Empfang. Was werdet ihr ihnen sagen? Sie lauschen nun auf das Ober- und Unterbewußtsein. Die Zellverbände, die Zellenheere, rufen nach Antwort. Was befehlt ihr den Zellen? Was steht in den Selbstheilungskräften? Gesundheit. Friede. Heilsein. Hilfe in jeglicher Situation durch die Kraft des Geistes. Jetzt gebt dies in euren Körper ein. Die Zellverbände nehmen die Befehle aus dem Ober- und Unterbewußtsein auf. Und so ihr wollt, könnt ihr die rechte Handfläche auf ein Organ legen, ganz nach eurer

Wahl. Fühlt! Fühlt die Nähe des Christus Gottes. Fühlt das Leben, das euch durchpulst. Fühlt die Freiheit, was sie bedeutet. Fühlt, daß ihr selbst die Macht besitzt, die Selbstheilungskräfte zu aktivieren, durch ein gesetzmäßiges Fühlen, Denken, Sprechen und Handeln. Und ihr gebt euch selbst den Befehl: „Ich bin gesund. Ich bin friedvoll." Und ihr selbst gebt euch den Befehl, dann, wenn ihr euch an Krükken oder Rollstühle, an Betten gebunden habt: „Steh auf! Steh auf, o mein Mensch", so könnt ihr zu euch selbst sprechen, „nimm dein Bett und wandle. Steh auf! Bewege deine Beine. Bewege deine Arme. Bewege deinen Körper!"

In jedem von euch ist die Macht des Geistes. Gebraucht sie! Und so ihr wollt, legt die rechte Hand wieder zurück auf euer rechtes Bein. Noch einmal will Ich mit euch diese Übung machen, auf daß ihr immer mehr euer göttliches Erbe erschließt und wißt, daß die Zellen, die Zellverbände, das gesamte Zellenheer auf Befehle des Ober- und Unterbewußtseins wartet. Ist euer Befehl „krank", dann bauen sie Krankheit auf. Ist euer Befehl „Gesundheit", dann bauen sie Gesundheit auf. Doch zweifelt nicht daran. Auch Zweifel nehmen die Zellen auf, denn sie sind lebende Organismen.

Mein Kind, abermals berühre Ich Sündhaftes in deiner Seele. Wiederum empfängst du Bilder. Du empfängst nur deine Eingaben, Aspekte also von Sündhaftem. Blicke in das Bildmaterial hinein, das du eingegeben hast. Erkenne dein Sündhaftes. Und so du möchtest, gehe ein in den Kreislauf der Bereinigung.

Bereue. Bereue.

Bereinige. Bereinige.

So du diese Sünden nicht mehr tust, wandle Ich sie in deiner Seele um. Licht und Kraft strömen in dein Oberbewußtsein. Nun nimm dir wieder fest vor, gemäß deinem göttlichen Erbe zu fühlen, zu denken, zu sprechen und zu handeln. Wenn du dies tust, erkennst du, daß die Selbstheilungskräfte erwachen. Der Körper wird leicht und beschwingt. Die Macht des Christus ist dir ganz nahe. Fühle Mich in deinem Körper. Es sind die Selbstheilungskräfte. Fühle Mich in deinen Fingerkuppen und Handflächen. Fühle Mich in deinem Atem. Er geht ruhig und tief. Die Antenne ist auf Mich, den Christus Gottes, ausgerichtet.

Jetzt rufen wieder die Zellverbände. Das Zellenheer verlangt nach Information. Welche Information gibst du nun deinen Zellen, allen Bausteinen deines Leibes? Bestimme du dies! Gib, wonach sie verlangen. Sie verlangen nach Information. Informiere sie, was sie tun sollen. So gibst du ein, was du dir vorgenommen hast – und das halte. Das ist der gute Same, der zu keimen beginnt, der in deinem Körper aufgeht und dir das bringt, was du eingegeben hast, was du also ausgesät hast.

Und so du möchtest, lege die rechte Handfläche auf ein Organ, auf einen Körperteil, ganz nach deinem Belieben. Und fühle, fühle die Tätigkeit der Selbstheilungskräfte. Sage ja zu deinem göttlichen Erbe, ja zu den Gesetzmäßigkeiten aus deinem göttlichen Erbe, zu den Zehn Geboten und der Bergpredigt. Erfülle sie Schritt für Schritt im Alltag und erkenne, daß du ein positiver, gottbewußter Mensch wirst, der f ü r *seine Mitmenschen ist, der Frie-*

den hält und die Gottes- und Nächstenliebe mehr und mehr anstrebt.

Wenn du möchtest, lege deine rechte Hand wieder zurück. Und nun kontrolliere dich selbst. Wie du gefühlt, gedacht hast, so fühlst du dich jetzt auch. Das sind deine Eingaben.

O Menschenkind, erkenne: In dir ist das Größte, Gott, und du bist in Gott das göttliche Wesen, ausgestattet mit dem Geist des Lebens, dem universellen Geist, GOTT. Halte Schritt für Schritt die Gebote, und wisse, daß Gott dir immer nahe ist. Ich Bin im Vater und der Vater in Mir. Wir sind e i n Geist, die Quelle des Lebens und der Ursprung der Quelle des Lebens. Fühle und erkenne, und wisse: Ich Bin immer gegenwärtig, Christus in dir. Sei bereit, dein göttliches Erbe anzutreten, es mehr und mehr zu erschließen, und du weißt, daß du ein Kind der Freiheit bist. Und diese Freiheit ist im universellen Geist, ist im universellen Leben. Es ist die Freiheit. Es ist die Gleichheit. Es ist die Brüderlichkeit. Es ist Einheit. Liebe Gott von ganzem Herzen, mit deiner ganzen Seele, mit all deinen Kräften, und du erkennst, wer du bist: ein Kind, ein Sohn, eine Tochter des Allerhöchsten.

So erkennet und erfasset in euren Herzen: Ich Bin das Wort, und das Wort ist in Gott, und Gott ist das Wort. Mein Instrument, Meine Prophetin, ist Meine Dolmetscherin; sie ist eure Schwester. Sie ist euch nicht höhergestellt, sie kennt die Gesetze des Lebens. Sie kann euch die Gesetze des Lebens übermitteln, so ihr dies wollt. Doch sie ist absolut eins mit euch – und nicht mehr. Laßt den Geist der Wahrheit in eurer Mitte sein. Laßt Mich, Christus, das zentrale Licht in eurem Leben sein. Dann fallen die Grenzen, und ihr seid Brüder und Schwestern. Ihr seid Menschen des Friedens, Menschen eines gesunden Volkes, Menschen der Freiheit, der Gleichheit, der Einheit und der Brüderlichkeit. Das ist das Leben, das ist der Geist.

Meine Kinder, erkennet und erfasset: Ich Bin das Wort, und das Wort ist in Gott, und Gott ist das Wort, und ihr selbst sollt wieder das Wort werden, denn das ist euer göttliches Erbe. Das ist die zentrale Lehre des Christus Gottes für eure Zeit, für eure Jetztzeit.

Möge Mein Segen in allen Menschen dieser Erde Früchte zeitigen.

Alle Menschen in allen Völkern dieser Erde sind gesegnet, gesegnet vom Ewigen durch Mich, Christus, den Erlöser aller Seelen und Menschen.

Gesegnet sind alle Seelen in den Stätten der Reinigung.

Gesegnet sind die Naturreiche, jedes Gräslein, jedes Tierlein, jeder Stein.

Der Segen strömt durch die Unendlichkeit. Es ist der freie Geist der Liebe.

Empfanget, Meine Kinder! Empfanget, und haltet diesen Segen fest. Ja, geht mit diesem Segen in euren Tag. Und so ihr Menschen begegnet, denkt daran: Ihr begegnet Mir in eurem Nächsten. Und so ihr zu einem Arzt dieser Welt geht, betet, und gehet hin. Wisset, daß auch Ich im Arzt dieser Welt wirke. Und so ihr glaubensstark seid, weiß der Arzt, wie er euch im Äußeren helfen kann, auf daß ihr schmerzfrei werdet, auf daß ihr äußere Heilung erfahrt, um dann die Ganzheitsheilung anzustreben, so, wie Ich es euch erklärt habe. Das bewirkt der Segen. Und so ihr als Gesegnete, bewußt Gesegnete, über diese Erde geht, werdet ihr Frieden halten. Jeder Mensch wird zu eurem Freund, zu eurem Bruder, zu eurer Schwester. Und ihr werdet angstfrei sein, denn Gott ist gegenwärtig.

Und Ich rate dir noch einmal: Gehst du im Segen Gottes, dann wirst du auch die Medikamente, die du zu dir nimmst, mit der Kraft der Liebe durchströmen, und sie werden dir im Äußeren helfen, auf daß du frei wirst, um immer mehr die Selbstheilungskräfte zu aktivieren. Gehe auch zum Arzt und bitte ihn darum, daß er dir helfen möge im Äußeren, auch um die Selbstheilungskräfte zu aktivieren. Und so er dir Medikamente gibt, wisse: Wenn du in der Liebe bleibst, sind sie gesegnet. Tue dies im großen Segen Gottes, und fühle dich frei, hineingenommen in die unendliche Liebe. Dann begegnest du allen Menschen in dieser

Liebe und weißt: In allem ist Christus, der Geist der Erlösung, der Ich Bin.

Friede, unendlicher Friede durchströmt die Unendlichkeit.

Der ewige Friede möge in euren Herzen walten. Dann wirkt der Segen, der Segen des Vaters, durch den Sohn.

Friede, Meine Kinder.

Friede.

Die Macht des Christus in dir

Offenbarung von Christus, 1996

Ich Bin DAS WORT, und Das Wort ist bei Gott, und Gott ist Das Wort. Wer Ohren hat, zu hören, der höre. Ich, der Christus Gottes, der das Ich Bin durch Prophetenmund spricht, wiederhole: Ihr, die ihr Ohren habt, zu hören, höret! Ich Bin Das Wort, und Das Wort ist bei Gott, und Gott ist Das Wort. Das bedeutet: Der ewige Vater und Ich, Christus, sind eins – das Wort, das die Wahrheit ist.

Als Gott die Erde schuf für die Menschen, sprach Er das Alpha – Es werde. Doch Das Wort sprach nun das Omega – Ende mit dieser Welt. Wer Ohren hat zu hören, der höre: Ende mit dieser Welt! Das Omega ist gesprochen.

O erkennet und erfasset in euren Herzen den Unterschied zwischen „Welt" und „Erde". Die Erde ist ein Aspekt Gottes und wird nie vergehen. Sie wird sich in einen höheren Aggregatzustand erheben und allmählich die Assimilation an das Ich Bin erlangen. Die Welt ist das Kleid der Erde, das was die Menschen der Erde übergestülpt haben. Dieses Kleid ist voller Flicken. Der Stoff Welt hält nicht mehr. In allen Völkern dieser Erde ist dieser Stoff porös. Die Flicken brechen. Das bedeutet, daß sich die Erde, die im Fieber liegt, immer mehr schüttelt, daß Krankheiten, Seuchen, Pestilenzen, Hungersnöte und vieles mehr alle Völker dieser Erde heimsuchen werden. Denn die Völker hörten nicht auf das Wort Gottes. Die Masse der Menschen hört auf weltliche und kirchliche Obrigkeiten, die immer wieder glauben, sie müssen Flicken auf das Kleid der Erde aufsetzen. Doch, wie schon gesagt: Diese Flikken halten nicht mehr.

Ihr Menschen in allen Völkern dieser Erde, Ich frage euch: Wo steht ihr? Wie ist euer Charakter und eure Gesinnung gegenüber den Geboten Gottes und der Bergpredigt? Ich frage euch in allen Völkern dieser Erde: Habt ihr das Malzeichen auf der Stirn? Seid ihr zum

Wort Gottes geworden, indem ihr Tag für Tag die Gebote des Lebens erfüllt, um Mir, Christus, eurem Erlöser, näherzukommen?

Wer Ohren hat, zu hören, der höre. Wer Augen hat, zu sehen, der schaue. Und wer ein Herz hat, zu empfinden, der empfinde. Blicket hinein in die Völker dieser Erde. Die Angst, die Not, die Sorge und vieles mehr ist das Grauen der Menschheit. Grau in grau sind die Völker dieser Erde. Wo ist das Licht eures Gottes? In euren Kirchen aus Stein? In den Worten eurer Politiker? In dem Geheuchel eurer kirchlichen Obrigkeiten? Wo ist das Licht der Welt, das Licht Gottes?

Blicket hinein in die Völker. Höret hinein in die Völker. Was tut sich in eurem Volk? O Mensch, der du Mich da und dort hörst, prüfe dein eigenes Volk. Und nun prüfe dich selbst. Ist in dir das Christuslicht auferstanden, oder setzt du immer noch die Hoffnung auf das Kleid dieser Erde, auf die Welt, vielleicht sogar auf die Flicken? Und so mancher denkt: „Sie müßten noch eine Zeit halten – wenigstens so lange, wie ich als Mensch die Erde bewohne."

O, du Tor! Weißt du nicht, daß deine Seele ewig lebt? Und so, wie sie geht, so wird sie sein, so wird sie leben, so wird sie leiden, so wird sie fühlen, und so wird sie denken – und so wird sie auch als Mensch wieder handeln, wenn sie sich einverleibt.

O ihr Menschen in allen Völkern dieser Erde, wie lange noch wollt ihr denen huldigen, die die Erde verunreinigt haben, die den Körper Erde in das Fieber gestürzt haben? Wie lange noch wollt ihr auf eure kirchlichen Obrigkeiten blicken, in dem Glauben, sie würden es recht machen? Nahezu zweitausend Jahre sind vergangen. Sie haben es bis heute nicht recht gemacht. Den Beweis habt ihr, wenn ihr in euer Volk blickt. Sehet die Kriege. Sehet die Verwüstungen. Sehet die Katastrophen weltweit. Das sind die Katastrophen des menschlichen Ichs.

Was wollt ihr tun mit dem Inneren Licht, dem Christus Gottes, der Ich Bin? O erkennet: Ich, euer Erlöser, werde nicht ruhen, bis Ich das letzte Schaf angesprochen habe. Ob es dann Mir folgt oder der Welt, das muß ich ihm überlassen. Doch Mein Ruf geht über den Äther hinein in alle Völker dieser Erde, hinein in die willigen Herzen, hinein in die Köpfe der Menschen, in den Intellekt. Höret, ihr Menschen! Höret den Christus Gottes. Dich ruft Er! Dich ruft Er! Jeden einzelnen ruft Er: Halte dich nicht an dem Kleid der Erde fest, an den Flicken. Beginne, umzukehren! Wende dich nach innen, denn in dir, o Mensch, ist das Licht. Entwickle den Christus Gottes in dir. Denn Ich will ein Volk errichten, Mein Volk, und Mein Volk hört nicht nur Meine Stimme, sondern Mein Volk wird zu Meinem Wort, das Ich Bin, zum Gesetz der Liebe und der Wahrheit.

Ich rufe also in alle Völker dieser Erde hinein. Hast du Ohren, o Mensch, dann höre. Hast du Augen, o Mensch, dann schaue. Hast du ein Herz, o Mensch, dann wende dich nach innen. In dir brennt das Licht der Erlösung. In dir ist die Führung heraus aus Krankheit, Not und Sorgen. In dir ist Mein Licht, das auferstehen möchte, auf daß du zu Meinem Wort wirst und das Malzeichen auf deiner

Stirn trägst, um geführt zu werden, zu dem Volk, das die Erde bewohnen wird, das die Erde erheben wird, das f ü r die Erde sein wird, eins mit den Naturreichen.

O erkenne, o Mensch, der Christus Gottes ist das Licht, und das Licht wohnt in dir. Und wer das Licht in sich erhebt, der richtet sich auf in Meinem Licht durch Mich, den Christus Gottes, und kann geführt werden.

Blicket in diese Welt und fragt eure Ärzte, was sie zu den vielen Krankheiten und Nöten sagen. Und so mancher wird ehrlich die Schultern heben und sagen: „Unsere Weisheit ist bald zu Ende, denn die Krankheiten und Nöte nehmen überhand. Wir finden hierfür bald kein Medikament mehr.“ O Menschenkind, was nun? Sage nicht: „Ich wende mich nun Christus zu – Er möge meinen Körper heilen.“ Du hast Flicken auf deinen Körper gelegt, Flicken, immer mehr Flicken – Sünde, immer mehr Sünde. Erkenne deine Sünden. Bereue deine Sünden. Bereinige sie, und tue sie nicht mehr. Dann ziehst du die Flicken aus, das poröse Kleid des Egos, und dein wahres Kleid erstrahlt. Es ist dein geistiger Leib, dein geistiger Körper.

O Menschenkind, erkenne und fühle nun in deinem Herzen, daß Ich, Christus, dir ganz, ganz nahe Bin. Du Ungläubiger, schüttele nicht dein Haupt. Wenn du willst, bleibe bei deinen Flicken, bei dem Kleid deines Egos. Doch du Gläubiger, der du weißt, daß Ich in dir wohne und dich retten möchte, kehre nun in dein Inneres, und fühle deinen Atem. Du Gläubiger, einerlei, wo du dich auf dieser Erde befindest, wisse: Ich wohne in dir. Ich Bin die große Liebe im Vater. Ich Bin Das Wort. Und so Ich Mein Wort in dir zu sprechen vermag, gesundet deine Seele. Wahrlich, dann gesundet deine Seele, denn Ich Bin der Seelenarzt. Du hast dir die Flicken auf den geistigen Leib gelegt, die Sünden. Du sollst sie auch erkennen, bereuen, bereinigen und nicht mehr tun. Dann strömt das Licht durch deine Seele und durch deinen Körper, und du selbst sprichst: „Ich bin gesund."

Ihr Menschen in allen Völkern dieser Erde, viele von euch kamen zum Göttlichen Prophetischen Heilen. Heilwerden heißt, die Seele gesund werden zu lassen, auf daß das heilige Licht, das Christus-Gottes-Licht, in den Körper zu strömen vermag, denn du selbst, o Mensch, hast die Kraft und die Macht des Christus in dir. Und du selbst, o Mensch, sollst die Christuskraft entfalten.

Als Ich als Jesus von Nazareth von Meinen Aposteln, Jüngern und Jüngerinnen ging, fielen sie in Verzweiflung, in große Angst und sprachen: „Herr, bleibe bei uns!" Und Ich versprach ihnen, bei ihnen zu bleiben, denn der Geist des Vaters und Ich sind eins in jeder Seele und in jedem Menschen. Und Ich lehrte, Mich zu fühlen. In dieser grauenvollen Zeit, wo die Menschen nicht mehr ein noch aus wissen, wo viele nach Mir rufen, will Ich euch nun das gleiche lehren, wie Ich es tat mit den Aposteln, Jüngern und Jüngerinnen.

Meine Kinder, die ihr gläubig seid, empfanget Meinen Geist, das heißt, empfanget Ihn nun ganz bewußt. Ich hebe euer Bewußtsein an. Ähnlich sprach Ich auch zu den Meinen als Jesus: „Ich hebe euer Bewußtsein an." Nun, fühlt in euren Atem hinein. Der Atem geht ruhig und tief. Der Atem ist das Leben. Er reguliert die Kräfte in der Seele und im physischen Leib.

Und nun, Mein Kind, das du gläubig bist, lege beide Handrücken auf deine Beine, ganz leicht. Die Handflächen und Fingerkuppen sind nach oben gerichtet. Ganz leicht liegen deine Hände auf deinen Beinen. Kontrolliere nun deinen Atem. Merke, wie fein der Atem geht. Merke, wie die Ströme der Christus-Gottes-Kraft deinen Körper durchdringen. Jetzt fühle in deine Fingerkuppen hinein. Merke, wie der Atem deine Fingerkuppen durchglüht, deine Handflächen berührt. Merke, wie der Körper leicht und beschwingt wird. Merke jetzt, wie die Christus-Gottes-Kraft strömt. O Kind, fühle: So nahe Bin Ich dir! Auch deine Gedanken werden immer feiner, deine Gefühle leichter; dein Herz schlägt im angehobenen Rhythmus.

Siehe, wende nun deine Hände und lege die Handflächen sanft und weich auf deine Beine. Jetzt, o Kind, kontrolliere wieder deinen Atem. Er geht sanft und mild. Ströme der Liebe durchziehen deinen Körper. Über die Handflächen, über die Fingerkuppen strömt die Kraft Christi in deine Beine. Du bist angehoben, gleich Adlersschwingen, und fühlst dich hineingenommen in die Süße und Wärme der Christusmacht.

Und nun, Mein Kind, drücke Deine Handflächen und deine Fingerkuppen auf deine Beine – drücke sie fest auf! Und nun kontrolliere deinen Atem, ja, kontrolliere deinen gesamten Körper. Merkst du, wie die feinen Schwingungen zurückgehen? Fühlst du den Druck in deiner Atmung? Merkst du, wie dein Körper schwerer wird? Erkennst du, wie du zurückgeholt wirst in diese deine Welt? Deine allzumenschlichen Gedanken kommen wieder, deine Gefühle werden gröber – du bist unruhig.

Siehe, o Menschenkind, so lebst du in deiner Welt. So verhältst du dich gegenüber deiner Seele und gegenüber deinem Körper. Durch deine niederen Gedanken, Worte und Werke läßt du die feinen, ätherischen Schwingungen nicht zu, die deine Seele und deinen Körper durchströmen möchten, ja, die deine Seele heilen wollen, auf daß du selbst mit der Macht des Christus auch deinen Körper zu heilen vermagst, ihn in die feine Schwingung versetzt, in die Christusschwingung, die dir beisteht, die dir hilft, die dich führt, auf daß das Innere Licht, das Ich Bin, in dir aufzuerstehen vermag und du das Malzeichen erlangst, Das Wort, das Ich Bin, auf daß Ich dich führen kann zu dem einen Volk, das Mein Wort ist.

O Menschenkind, auf daß du abermals fühlst, wie nahe Ich dir Bin, hebe Ich wieder dein Bewußtsein an. Dein Körper wird leichter, dein Atem tiefer, deine Gedanken und Gefühle feiner. Und nun lege wieder deine Handrücken auf deine Beine, ganz leicht, ganz leicht. Jetzt fühle deinen Atem. Siehe, jetzt wird er wieder ruhiger und tiefer. Harmonie zieht in deinen Körper. Lenke nun deine feinen Gefühle auf deine Fingerkuppen, auf deine Handflächen.

Und nun nimm die rechte Hand und lege sie auf ein Organ deiner Wahl, ganz leicht, ganz sanft. Und nun empfinde mit, was Ich dir sage:

Christus in mir.
Ja, Christus, Du in mir!
Ja, Christus, Du das Licht in meiner Seele und in meinem Körper.
Durch meine Seele und durch meinen Körper strömt die Macht des Christus.
Ich bejahe das Gute in mir – Christus.
Ich bejahe die Gesundheit in mir – Christus.
Ich bejahe die Auferstehung des Inneren Lichtes in mir, Christus.

Und nun, Mein Kind, prüfe deinen Atem. Fühle die ätherischen Schwingungen, die deine Seele und deinen Körper durchströmen. Fühle nun in das Organ hinein, auf das du deine rechte Hand legtest. Wärme, unsagbare Wärme durchpulst das Organ.

Aus deinen Handflächen, aus deinen Fingerkuppen strömt das Licht des Christus Gottes in deinen Körper. Mein Kind, siehe: So nahe

Bin Ich dir! Ich Bin die Harmonie und die Liebe in dir. Fühle – fühle Mich in dir!

Mein Kind, so lehrte Ich es als Jesus von Nazareth Meinen Aposteln, den Jüngern und Jüngerinnen, und sie fühlten die Christuskraft, und sie wußten, wie sie ihren Körper heilen konnten, denn sie fühlten, wie die Seele heilt durch den Inneren Arzt und Heiler.

Mein Kind, jetzt drücke deine Hand auf dein Organ. Drücke die Fingerkuppen intensiv auf deinen Körper. Merke, wie fast der Atem stockt. Merke, wie die feinen Schwingungen gleichsam zurückgehen. Merke, wie dein Atem gröber wird. Merke, wie dein Körper schwerer wird. Und merke jetzt, wie wieder negative, sündhafte Gedanken kommen. Das bist du, Tag für Tag, Stunde um Stunde. Siehe, das sind die Flicken auf deinem geistigen Leib.

Mein Kind, siehe, der Alltag spricht deine Sprache. Der Alltag spricht zu dir das, was du in deine Seele und in die Gestirne eingegeben hast. Doch im Alltag Bin auch Ich, um dir zu helfen. So erlebe Mich nun im Göttlichen Pro-

phetischen Heilen. Ich lasse dich nun auf deine Bewußtseinsschwingung zurück. Du fühlst wieder deinen Körper. Du merkst, daß er schwerer wird. Das sind deine allzumenschlichen Gefühle, Gedanken, Worte und Werke. Es sind die Flicken auf deiner Seele, es ist die Belastung in deinem Körper. Doch du hast nun die Möglichkeit, die Christus-Gottes-Macht in deinen Körper zu lenken.

Nun, Mein Kind, komm mit Mir ins Göttliche Prophetische Heilen. Wo du dich auch befindest, nimm innere und äußere Haltung an. Bist du mit deinem Fahrzeug unterwegs, oder bist du zu Fuß, suche einen Platz, um an-, gleich innezuhalten.

Mein Kind, wo du dich auch befindest, die Macht des Christus ist dir ganz nahe. Jetzt gehe mit Mir in den Kreislauf der Bereinigung deiner Sünden, und du darfst immer wieder die Macht, die heilende Macht des Christus Gottes, in deiner Seele, aber auch in deinem Körper erleben.

Nimm Haltung an. Lege wieder deine Handrücken auf deine Beine. Atme. Jetzt geht der Atem schwerer – Ich habe dich auf dein Bewußtsein zurückgelassen. Doch wisse, Ich Bin bei dir. Lerne jetzt, die Selbstheilungskräfte zu entfalten. Lerne, die feinen, ätherischen kosmischen Kräfte in deinen Körper zu holen. Lerne es.

Mein Kind, jetzt gehst du in den Kreislauf der Bereinigung. Ich berühre in deiner Seele Sündhaftes. Das Sündhafte steigt in dein Oberbewußtsein. Es wird dir in Gedanken und in Bildern bewußt. Willst du dieses Sündhafte nicht mehr tun? Dann bereue es von ganzem Herzen, und bereinige es, und tue es nicht mehr. Ich helfe dir dabei. Ich gehe mit dir nun in den Kreislauf der Bereinigung, auf daß du immer mehr die Macht des Christus in deinen Körper nimmst.

Jetzt berühre Ich Sündhaftes in deiner Seele. Sündhaftes steigt in das Oberbewußtsein, der Atem geht schwerer. Jetzt erkennst du dich in Bildern. Du erlebst dich in den verschiedenen Situationen, wie du gedacht, gesprochen oder gar gehandelt hast. Siehe, das bist du; das macht deinen Atem schwer, das liegt auf deiner Seele – das liegt aber auch auf deinem Körper. Willst du es bereinigen? Wenn ja, empfange die Kraft zur Reue. Bereue dein Sündhaftes. Bitte in Gedanken um Vergebung. Vergib auch dem, der sich an dir versündigt hat. Hast du noch einiges gutzumachen und ist es dir möglich, das zu tun, tue dies nach Meiner heiligen Strahlung. Gehe ein in den Kreislauf der Bereinigung, Mein Kind. Löse dich nun von den Fesseln dieser deiner Sünden.

Bereinige.

Bereinige, geliebtes Kind, und fühle die Nähe deines Erlösers!

Was du an Sündhaftem bereut und bereinigt hast und nicht mehr tust, wandle Ich in Licht und Kraft um. Dadurch wird deine Seele lichter, dein Atem freier, dein Körper nimmt die feine, ätherische Schwingung an. Sie baut sich in deinem Oberbewußtsein, in deinen Gehirnzellen auf. Du sagst jetzt ja zu Christus, ja zu der Macht und Liebe in deiner Seele und in deinem Körper. Sage ja zur Gesundheit. Sage „Ja, ich bin glücklich in Christus." Sage „Ja, ich bin hoffnungsvoll und stark. Ja, Christus, ja!"

Mein Kind, fühle: Dein Atem wird leichter. Fühle, wie sich die ätherischen Schwingungen, die heilende Kraft und Macht des Christus, in deinem Oberbewußtsein aufbaut. Komm, wir halten es weiter so:

Wieder berühre Ich Sündhaftes in deiner Seele. Was du an Sündhaftem tragen und bereinigen kannst, das erlebst du jetzt in Bildern, in Gedanken. Und nun: Wie willst du es halten? Willst du das Licht des Christus Gottes in dir auferstehen lassen? Dann nimm Meine Kraft, und gehe ein in den Kreislauf der Bereinigung.

Bereue. Bereinige.

Bereinige.

Bereinige.

Was du an Sündhaftem nicht mehr tust, wandelt sich in deiner Seele um in Licht und Kraft.

Licht und Kraft strömen durch deine Seele in deinen Körper. Feine, ätherische Schwingungen bauen sich in deinen Gehirnzellen auf. Nun bejahe die Macht des Christus in dir. Sage ja zur Gesundheit. Übergib mir all die Gedanken der Sorgen, der Ängste und Nöte. Sei frei, Kind! Sei frei, und atme die feinen, ätherischen Schwingungen, die Macht des Christus. Fühle, wie dein Körper leichter wird. Fühle, wie dein Atem tiefer geht. Fühle, o Kind, wie nahe Ich dir Bin, und sorge dich nicht: Ich gehe nicht von dir.

Komm. Komm, und mach mit! Wieder berühre Ich Sündhaftes in deiner Seele. Wieder erlebst du deine Eingaben, dein Sündhaftes. Und nun gehe ein in den Kreislauf der Bereinigung.

Bereue. Bereinige.

Bereinige. Und so du noch einiges gutmachen kannst, tue dies nach Meiner heiligen Strahlung.

Mein Kind, so du diese Sünden nicht mehr tust, sind sie umgewandelt in deiner Seele.

Deine Seele nimmt an Licht und Kraft zu. Licht und Kraft, feine ätherische Schwingungen, ziehen in deinen Körper. Sie bauen sich in deinen Gehirnzellen auf. Du fühlst, wie dein Atem leichter geht. Du fühlst jetzt auch in deinen Fingerkuppen, in deinen Handflächen den Atem Gottes. Der ganze Körper ist durchglüht von den feinen, ätherischen Schwingungen.

Und nun, Mein Kind, du hast die Macht des Christus in deinen Händen! Jetzt nimm diese feinen Schwingungen und lenke sie in deinen Körper. Du selbst entwickelst die Selbstheilungskräfte. Du selbst lenkst nun die feinen, ätherischen Schwingungen zu den Organen deiner Wahl, zu den Blutgefäßen, zu den Knochen, zu allen Bausteinen des Leibes. Tue dies, jetzt!

Wenn du möchtest, kannst du fein und zart deine rechte Hand auf ein Organ legen. Du bist es, der mit der Macht des Christus den Körper heilt. Fühle, fühle, wie die ätherischen Kräfte deine Seele und deinen Leib durchströmen. Fühle den ruhigen, harmonisierenden

Atem. Er lenkt die feinen, ätherischen Kräfte, die Macht des Christus, in deinen Körper. Fühle, wie über deine Fingerkuppen die Energien des Lebens in deinen Körper strömen. Ja, fühle, wie dein ganzer Körper durchströmt ist von der Macht des Christus.

So lehrte Ich die Meinen als Jesus von Nazareth. Ihre Angst wich. Ihre Sorgen zogen von dannen, und sie fühlten Meine Gegenwart. Und du, Mein Kind? Fühlst du jetzt Meine Gegenwart? Siehe, Ich Bin immer gegenwärtig. Nur du lehnst dich an deine Flicken, an deine Sünden, an und verdrängst die feinen, ätherischen Schwingungen.

Willst du es noch einmal mit Mir erproben? So komm, und fühle: Ich berühre wieder Sündhaftes in deiner Seele. Wieder erlebst du deine Eingaben, deine Flicken, dein Sündhaftes also. Schaue es an. Fürchte dich nicht vor deinen Sünden! Komme. Komme, und bitte um die Kraft zur Reue. Bereue die Sünden. Du brauchst dich vor ihnen nicht zu fürchten – Ich helfe dir.

Gehe ein in den Kreislauf der Bereinigung. Bereinige. Bereinige, Mein Kind, und so du diese Sünden nicht mehr tust, empfängst du nun vermehrt das Licht in deiner Seele. Deine Seele heilt, und dein Leib empfängt die feinen Schwingungen. Nimm die Macht des Christus, und lenke sie in deinen Körper, zu deinen Organen, zu deinen Blutgefäßen, zu deinen Knochen, zu allen Bausteinen deines Leibes. Und fühle, fühle, wie der Körper hineinschwingt in die Macht des Christus, die du gebrauchst.

O siehe, du denkst nun an einen deiner Nächsten, der krank darniederliegt? Sende ihm die Christuskraft! Sende ihm jetzt diese feinen Schwingungen, die du verspürst. Und sage ja zu deinem Bruder, ja zu deiner Schwester. Ja – sage ja! Und sei verbunden mit deinem Nächsten. Und so lenkst du die feinen Schwingungen zu deinen Geschwistern, und dein Geschwister empfängt, so es gut ist für seine Seele.

Mein Kind, Mein geliebtes Kind, wo du dich auch befindest, fühle mit diesen Übungen, was

Ich dir sagen möchte: Ich Bin dir ganz nahe, ganz nahe. Entwickle die helfenden und heilenden Kräfte, und laß immer wieder die Macht des Christus in dich bewußt – Ich sage: bewußt – einströmen, auf daß du erkennst, wie rasch du Mich zu fühlen vermagst.

Und wenn du zu einem irdischen Arzt gehst, sende die Macht des Christus voraus und begebe dich selbst in die feinen Schwingungen, in die ätherischen Schwingungen, in die Macht des Christus, und du stehst in Kommunikation mit Mir im Arzt. Und nimmst du Medikamente, denke daran: In allem Bin Ich. Laß die feinen Schwingungen durch deine Medikamente strömen. Und so du sie einnimmst, tue es im Bewußtsein Meiner Gegenwart.

Mein Kind, dadurch heilt nicht nur deine Seele, dadurch heilst du nicht nur deinen Körper – dadurch ist es auch dem Arzt möglich, dir zu helfen. Doch eins ist um vieles wesentlicher: die Auferstehung des Inneren Lichtes in dir. Denn Ich will dich rufen, rufen in deinem Volk. Ich will dich rufen und führen zu Meinem Volk. Ich möchte, daß Mein Wort in dir aufersteht und du das Malzeichen der Liebe trägst, das Wort, das Ich Bin.

O Menschenkind, jeden Tag ist Göttliches Prophetisches Heilen. Jeden Tag kann Ich in dir mehr auferstehen, wenn du deine Sünden bereust, bereinigst und nicht mehr tust. Dann ist Mein Wort das Heil in dir, weil du das Wort, das Ich Bin, lebst.

Leben ist Gott, und Gott ist Das Wort, und Das Wort will sich in dir erheben, auf daß du, o Menschenkind, zum Wort der Liebe wirst. Denn diese Welt vergeht. Doch die Erde ersteht in Dem, Dem sie gehört: dem Ewigen in Mir, dem Christus Gottes.

O ihr Menschen in allen Völkern dieser Erde, habt ihr den Sinn Meines Offenbarungswortes verstanden? Habt ihr genau hingehört? Hattet ihr Ohren für Das Wort? Dann schlägt euer Herz für Mich, und ihr werdet die Tage nützen, und ihr werdet nicht nur auf die Flicken blicken, sondern eure Flicken, eure Sünden, bereinigen und nicht mehr tun, auf daß Ich euch zu führen vermag.

Und so dringt Mein Ruf in jede Seele und in jeden Menschen. O kommet! Kommet alle zu Mir her – Ich will euch erquicken, Ich will euch führen, lenken, leiten und schützen. O kommet alle, alle zu Mir her, die ihr mühselig und beladen seid. Ich bringe euch die Freude. Ich bringe euch die Liebe. Ich bringe euch die Hoffnung und die Zuversicht. Ja, Ich bringe euch Mich selbst.

So empfanget, was der Himmel ist: Das Wort, Liebe, Friede, Einheit. Friede in euren Herzen. Liebe in euren Herzen.

Und so strahle Ich in die Völker dieser Erde, Liebe und Friede.

Liebe und Friede in allen Menschen.

Liebe und Friede in allen Seelen in den Stätten der Reinigung.

Liebe und Friede in den Naturreichen, in den Tieren, die nach ihrem Schöpfer rufen um Erbarmen. O erbarmt euch der Tierwelt, indem ihr eure Sünden bereinigt und mit Meiner Kraft nicht mehr tut.

Friede, unendlicher Friede breitet sich über die Gläubigen. Unendliche Liebe erfüllt eure Herzen.

Friede und Liebe.

Friede und Liebe in allen Völkern dieser Erde.

Friede und Liebe in den Stätten der Reinigung.

Mein Herz ist bei Meinen Kindern. Ich Bin bei euch alle Tage eures irdischen Daseins und in alle Ewigkeit, Christus in euch und mit euch.

Friede.

Ich offenbare das Schicksal der Menschheit, damit noch viele Meiner Menschenkinder erwachen und umkehren

Offenbarung von Gott-Vater, 1991

Ich Bin das Licht der Gestirne und die Kraft in dieser Erde. Ich Bin das Alpha und Omega, der Urbeginn aller Seinsformen. Ich Bin das Ende dieser Materie; denn in Mir ist alles Geist, weil Ich Geist Bin.

Aus Mir, dem Geist des Alls, entströmte das Licht, und es entstanden Gestirne, Sonnen und Welten. Aus Mir, dem Licht, kamen Wesen des Lichtes hervor. Sie bevölkerten und bevölkern die reinen Himmel und sind eingebettet in den Strom des Alls, der Ich Bin.

Seit dem Fallgedanken, sein zu wollen wie Ich, der Geist der Wahrheit, begannen Geistwesen wider Mich aufzustehen. Sie kämpften wider den Geist der Wahrheit, wider Mich.

So fielen sie und nahmen Teile von Planeten mit. Die Planetenteile ummantelten sich, je nach Empfinden und Denken derer, die von Mir zogen. In langen Wandlungsprozessen entstand die Materie und diese Erde. Die Erde birgt die Menschenkinder, Meine ummantelten Kinder.

Doch Ich Bin Geist, das Leben des Alls und der Strom des Alls. Und da alle aus Mir hervorgegangen sind, alle Wesen des Lichtes, und nur Licht auf Dauer sein kann, wird diese Materie, alle verdichteten Gestirne einschließlich der Reinigungsebenen, allmählich vergehen.

Meine Seelen- und Menschenkinder werden zurückgeführt – durch wen? Einzig durch Meinen Sohn, Christus, den Erlöser aller Seelen und Menschen.

Christus, Mein Sohn, kam zu den Menschen in Jesus von Nazareth. Jesus von Nazareth lehrte Meinen Menschenkindern die Gesetze Inneren Lebens und lebte sie ihnen vor. Er sprach von dem Gesetz der Inneren Liebe, der selbstlosen Liebe. Er erklärte Meinen Menschen-

kindern, was Freiheit, Einheit und Brüderlichkeit bedeuten. Er lebte das irdische Leben in Mir – so, wie Er in Mir blieb und ist ewiglich.

Die Menschen haben die Lehre des Nazareners. Ja, nicht genug – Christus, Mein Sohn, offenbarte sich immer wieder. Er offenbarte sich in den zurückliegenden nahezu zweitausend Jahren immer wieder durch gerechte Männer und Frauen, durch wahre Propheten. Christus, Mein Sohn, offenbart sich in dieser mächtigen Umbruchszeit und führt alle Menschen, die guten Willens sind, zu Mir, dem Inneren Licht.

Meine Menschenkinder, was haben viele von euch mit Christus gemacht? Ist Jesus von Nazareth das Vorbild der sogenannten Christen? Ist Jesus von Nazareth der Führer und Wegbereiter der Christen? Oder ist es nur ein Wort, ein Deckname, hinter dem sich Scheinchristen verbergen und im Namen der Erlösung die Menschheit verführen?

Meine Menschenkinder, blickt in eure Weltenzeit. Ja, prüft euch selbst: Folgt ihr Jesus von Nazareth nach? Wenn ihr Meinem Sohn, eurem Erlöser, nachfolgt, dann bedarf es nicht mehr der äußeren Führer. Wer das Gesetz Inneren Lebens erfüllt, der ist friedfertig, sanftmütig; er ist die selbstlose Liebe, das Gesetz, das die Wahrheit ist. Er lebt allbewußt und steht in Kommunikation mit allen positiven Kräften des Alls, mit allen Wesen, Menschen, mit der Natur, mit den Tieren und Mineralien – ja, er steht in positiver Kommunikation mit seinem Planeten Erde.

So ist die Frage an Meine Menschenkinder gerichtet: Folgt ihr Meinem Sohn, eurem Erlöser, nach? Prüft euer Leben! Prüft euer Denken! Prüft eure Werke!

Was haben viele sogenannte Christen mit dem Wort „Christus" gemacht – ja, was wird heute noch mit dem Namen des Sohnes alles vollbracht? Denkt an eure Weihnachtsfeste – in dieser Zeit wird Er verniedlicht. Denkt an eure Osterfeste – in dieser Zeit wird Er bewußt wieder ans Kreuz geschlagen, und im Auferstehungslied darf Er auferstehen. Doch ist Er in euch auferstanden? Das ist die Frage – und diese gilt!

So singen die Christen ihr Lied: „Jesus lebt, mit Ihm auch ich. Tod, wo sind da deine Schrecken?" Scheinbar hat der Tod die Schrekken verloren – wenn es um den Nächsten geht, nicht um die eigene Person, um den eigenen Körper.

Völker und Nationen blickten auf den sogenannten Krieg. Habt ihr dabei eure Erde vergessen? Mögt ihr euch die Frage stellen: Welche Gebete wurden zu Mir gebetet? Der eine betet um seinen Sieg, der andere betet um die Niederlage der anderen Nation. Wieder andere beten, daß sie von dem Tod verschont bleiben – doch die anderen sterben dürfen.

Ist das die Lehre des Jesus von Nazareth? Welche Gebete hat Er euch gelehrt?

Vater, der Du bist im Himmel,
geheiligt ist Dein Name.
Dein Reich komme,
und Dein Wille geschehe.

Die Christenheit betet. Welchen Gott beten viele an? Denn es geschieht nicht Mein Wille! Mein Wille ist, daß alle Menschen in der Einheit und Liebe verbrüdert sind, in dem Bewußtsein des einen Geistes, der Ich Bin. Welchen Gott beten viele Meiner Kinder an, die sich christlich nennen?

O sehet in eure Welt und sehet gleichzeitig auf euch selbst. Seid ihr unschuldig an dem, was tagtäglich geschieht? Sind die Christen unschuldig an dem, was andere Völker zu leiden haben?

O erkennet und erfasset in euren Herzen: Christus wird verhöhnt und verspottet, jeden Augenblick. Viele sogenannte Christen beten Götter an: Götter der Macht, der Herrschsucht, des Ehrgeizes, des Todes, des Mordes – und das alles im Namen Meines Sohnes, eures Erlösers!

Weshalb tragen viele Völker dieser Erde noch nicht den Namen „christlich"? Weil die Christen nicht christlich sind. Sie nahmen den

Namen „Christus" an, doch in ihren Herzen haben sie das Evangelium der Liebe, das ihnen Jesus von Nazareth gebracht hat, nicht aufgenommen.

Vor Meinem Angesicht sind alle Meine Menschenkinder Meine Kinder der Liebe. Ich liebe sie alle gleich – einerlei, woran sie glauben. Doch: So der Name der Inneren Liebe verhöhnt und verspottet wird, wird der Geist der Wahrheit sich melden und klarstellen, was unklar ist.

Erkennet und erfasset in euren Herzen: Krieg bringt immer wieder Krieg. Mord bringt immer wieder Mord. Was erwartet ihr – den Frieden?

Von woher soll der Friede kommen?

Was nützen euch sogenannte Friedensdemonstrationen – wenn ihr nicht im Inneren den Frieden habt?

Was nützt es, wenn ganze Völker von Frieden reden – wenn die Menschen in ihrem Inneren keinen Frieden haben?

Friedlosigkeit führt immer wieder zu Kampf. Und der Kampf bringt immer wieder Kampf. Und Zerstörung wird immer wieder Zerstörung bringen, denn jeder Kampf bringt weitere Aggressionen. Jede Zerstörung bringt neues Leid, und aus dem Leid entstehen neue Aggressionen.

Die Aggressionen werden immer wieder frei werden, solange der Mensch nicht umkehrt und sich auf die Gesetze Inneren Lebens besinnt, um diese zu erfüllen.

Welchem Schicksal gehen viele Völker und Nationen entgegen? Dem Schicksal der Zerstörung und Verwüstung.

Jesus von Nazareth sprach, was kommen wird, wenn die Menschen nicht umkehren. Sind sie umgekehrt? Sie haben ihren größten Freund zum Feind gemacht – ein Freund, der, seit die Menschheit besteht, der Menschheit Leben, Licht und Kraft gab; ein Freund, der sie ernährte, der sie tränkte, der ihnen Obdach, Wohnung und Nahrung bot.

Der Freund war der Planet Erde mit seiner Atmosphäre. Was haben die Menschen mit die-

sem Freund gemacht, mit dem Planeten Erde? Sie vergiften die Natur. Sie schänden die gesamte Erde. Sie sprengen die Atmosphäre, ja sie bomben das Leben nieder. Die grausamsten Stoffe muß der Planet Erde erdulden. Viele Menschen kümmern sich wenig darum, ob der gute Freund leidet oder ob er gesund bleibt. Der gute Freund ist erkrankt! Ja, er ist vergiftet von den chemischen Stoffen, von den atomaren Versuchen, von den Verunreinigungen der Gewässer und vielem mehr. Er ist so erkrankt, der gute Freund, daß er nun zum Feind der Menschen geworden ist.

Und diesen Feind kann kein Volk besiegen. Keine Nation kann ihn zertreten und zerbomben. Kein Volk kann ihn töten – einerlei, welche Waffen es gebraucht. Kein Mensch kann diesen Feind niedermachen, niedertreten, in den Sumpf und in das Grauen stürzen. Er schüttelt sich – und was er hervorbringt, ist das, was die Menschen in den guten Freund hineingebombt haben: Zerstörung.

Auf der Erde wird das weiter geschehen, was Jesus von Nazareth offenbart hat: Die Völker werden sich gegenseitig bekämpfen. Bürgerkriege, Pestilenzen, Krankheiten, Nöte und Sorgen, Obdachlose, Tote und vieles mehr wird auf der Erde sein. Der gute Freund, der zum Feind der Menschen geworden ist, wird das alles wieder abschütteln, was auf und in der Erde ist und in den Gewässern – und die Sonne und die Gestirne werden das tun, was zu tun ist durch eine durchlöcherte Atmosphäre.

Ihr Menschen dieser Erde: Völker, Nationen werden sterben, und jene werden übrigbleiben, die wahrlich Jesus von Nazareth nachfolgen, die die Gesetze Inneren Lebens erfüllen. Sie sind erfüllt und angehoben über all das, was auf die Menschen zukommen wird.

Und so werden sich die Aggressionen austoben. Und so wird die Erde alles Menschliche – alles, was ihr vom Menschen auferlegt wurde – abschütteln. Und die Meere werden vieles zudecken, so daß das Gegensätzliche umgewandelt wird in positive Kraft, so daß der geistige Teilplanet der Erde das bewirken kann, was offenbart ist: eine gereinigte, also neue

Erde, die in einem neuen Himmel schwingt. Denn so, wie auf der Erde alles Menschliche vergeht, so werden sich auch die Gestirne verändern.

Es ist keine Frohbotschaft, die Ich euch offenbare. Doch Ich offenbare euch das Schicksal der Menschheit, damit noch viele Meiner Menschenkinder erwachen und umkehren, damit noch viele Meiner Menschenkinder Mich, ihren ewigen Vater, den Geist der Liebe, in sich finden und frei werden von dem Tand und dem Sog dieser Welt.

Ich rufe euch! Meine Kinder, kehret um! In euch ist das Leben; in jedem von euch wurzelt die Liebe, die Ich Bin. Kehret um! Laßt den Intellekt fahren, die Verstandesprägung. Kehret ein in euer Inneres – dort wohnt die ewige Intelligenz, Gott, Ich, das Leben eures Vaters. Werdet weise und erfaßt die Unendlichkeit, das All, denn ihr seid Wesen der Unendlichkeit, hervorgegangen aus Meiner allumfassenden, ewigen Kraft.

Meine Kinder, kehret um – und ihr werdet zur rechten Zeit das erkennen, was Mein Sohn, euer Erlöser, schon offenbart hat. Am Firmament werden sich die dunklen Kräfte zeigen, wolkenartige Gebilde, die das mit sich tragen, was zerstörend, ja tödlich ist. Der wache, in sich gekehrte Mensch wird seine Fenster schließen und nicht mehr durch die geöffneten Fenster blicken. Er wird sich nach innen wenden und Den anbeten, der der Schutz aller Kinder sein möchte: Gott, das Leben, das Ich Bin.

Und so die Stürme des menschlichen Ichs kommen – die Menschen, die in sich gekehrt sind, werden dann ihren irdischen Bestimmungsort erreichen oder dorthin finden, wo das Innere Leben blüht, zu Menschen, die in der Gemeinschaft mit Christus leben. Diese Zeit des sogenannten Weltuntergangs reift heran, jedoch nicht der Untergang des Planeten Erde. Dieser Planet wird gereinigt, und das Licht der Liebe, das Ich Bin, wird über die Felder schweben, und die Erde wird wieder gesunde Früchte tragen für gereifte Menschen, die den Willen des Ewigen tun, der Ich Bin.

Wachet auf! Erweckt eure Sinne, und blickt nicht nur in eine Richtung, in dem guten Glauben und in der sicheren Hoffnung: „Kriege gehen vorüber." Kriege gehen vorüber – doch die vorübergehenden Kriege legen gleich wieder den Keim für weitere Kriege.

Und so hat der Mensch den guten Freund zu einem kriegerischen Feind gemacht, der abschüttelt, was ihm auferlegt wurde. Denn alle Ursachen drängen zur Wirkung. Wohl dem Menschen, der die Tagesenergien nützt, seine Ursachen rechtzeitig erkennt, sie bereinigt und nicht mehr tut, auf daß er die Wirkungen nicht zu erdulden hat.

Menschenkinder, kehret um! Zeitigt reife Früchte, auf daß euch die Mutter Erde wieder aufzunehmen vermag.

Menschenkinder, gehet nach innen! In euch ist der Geist des Lebens, der Ich Bin. Ich allein in Christus, Meinem Sohn, eurem Erlöser, biete euch Schutz und Hilfe.

Wer wagt es mit Dem, der hier durch Menschenmund spricht?

Wer wagt es mit Dem, der das All ist, die Unendlichkeit, die Liebe, das Gesetz des Heils – Ich, das Leben?

Wer wagt es – der gewinnt! Er gewinnt, Schritt für Schritt, sein wahres Leben zurück und ist eingebettet in den Schutz der unendlichen Liebe, die Ich Bin.

Mein Kind, es ist nie zu spät – kehre um! Auch in der Not, auch in der Krankheit, in Sorgen, Kummer und Bedrängnis - kehre um! Siehe, das Leben ist in dir. Mein Wort ist Leben, weil Ich das Leben Bin. Und wer Mein heiliges Wort, das Gesetz der Liebe, annimmt und verwirklicht, der ist erfüllt, weil er g e - füllt ist von Meiner Kraft, von der Liebe und Weisheit der Unendlichkeit und des Unendlichen, der Ich Bin.

Meine Stimme ist das All. Und da viele Meiner Menschenkinder Meine Stimme, das All, in sich nicht vernehmen, offenbare Ich

Mich durch Prophetenmund. Und so ihr tief in Meine Worte – gegeben durch Mein Instrument von Mir, dem Leben – hineinblickt, erfaßt ihr das Sein, das die Wahrheit ist, und ihr spürt in jedem Wort die Hilfe eures Herrn und Gottes, eures ewigen Vaters, und eures Erlösers, der eins mit Mir ist.

Mein Kind, siehe: Was Ich angedeutet habe, wird über Völker und Nationen hereinbrechen. Willst du zu diesen Völkern gehören? Du bestimmst es selbst, denn du bist aus Mir frei geboren, frei hervorgegangen. Du bestimmst es dadurch selbst, ob du in das Licht der Gottheit wandelst – oder ob du in der Dunkelheit verbleibst; ob du in den Fluten des menschlichen Ichs versinkst – oder ob du aufsteigst in die Herrlichkeit, die Ich allen Meinen Kindern bewahrt habe: das ewige Sein, die ewig reinen Wohnungen, die ewig reine Heimat, die ist und bleibt und sein wird ewiglich.

Die Zeit reift heran. Die Seelen werden hinweggeführt, und immer lichtere Seelen werden sich einverleiben auf einer sich immer mehr reinigenden, lichter werdenden Erde.

Mein Kind, wo wirst du sein? Siehe: Durch Meinen Sohn, deinen Erlöser, will Ich dich zu Mir erheben – ja, Ich will dich wieder bewußt in Meine Arme schließen, dich, Mein Kind, mit Meiner unendlichen Vaterliebe überstrahlen und dir sagen:

Kind, Mein Kind, siehe: du warst und bist ewig in Mir und bei Mir zu Hause. Komm, kehr um! Reinige deine Seele mit der Kraft Christi. Werde ein bewußter Christ, der wahrlich in der Nachfolge des Nazareners steht. Werde ein bewußtes Kind, das ausstrahlt und allen die innere Liebe zustrahlt – einerlei, welchen Glauben sie haben.

Mein Kind, spüre: Ich Bin dein Vater. Ich liebe dich.

Weil Ich dich unendlich liebe, kläre Ich auf, bringe Hilfe und Trost, führe dich durch Meinen Sohn auf den Pfad hin zu Mir.

Kind Meines Herzens, wisse: Du bist unsterblich, weil Ich die Ewigkeit Bin. Nur dein physischer Leib, die Ummantelung deiner Seele, wird der Erde gegeben – doch du, Mein Kind, bist in Mir ewiglich.

Warum, Kind, die Not, die Krankheit, die Hilflosigkeit, die Trostlosigkeit – warum? Weil du an Mich nicht glaubst. Weil du nur mit den Lippen betest, doch nicht erfüllst, was in dir liegt: die Größe des Alls, das Gesetz des Alls, die unendliche Liebe.

Du bist Mein Kind – und Ich Bin. Kehre um und wisse: Ich führe dich durch Christus, deinen Erlöser, zurück. Erfülle Schritt für Schritt die Zehn Gebote, und du wächst in das herrliche, ewige Gesetz der Liebe hinein, das du als Wesen in Mir bist ewiglich.

Mein Kind, in Meinem Sohn Bin Ich der Fischer. Ich fische in allen Ländern, auf allen Kontinenten, in allen Städten, Orten, Dörfern und Gemeinden – Ich fische. Und wo ihr euch auch befindet: Ich Bin da, Mein Kind, in dir, der große Geist des Alls, der sich dir durch Menschenmund offenbart.

Kehre um, und werde zu Meiner Stimme, die das Gesetz ist – und du bist bewußt in Mir, und Ich wirke bewußt durch dich.

Siehe: Und wenn die Stürme kommen – du wirst dort sein, wo du helfen kannst. Du wirst geborgen und geschützt sein. Ich Bin es, der dich trägt, der dich schützt – weil Ich dich liebe.

Kehre ein und erfasse: Mein Wort ist das Gesetz des Alls. Und so du wieder zum Gesetz des Alls geworden bist, bedarf es nicht mehr Meiner Stimme durch Menschenmund. Du bist dann die Stimme des Alls, weil du in Mir lebst, ganz bewußt, rein, als Sein im Sein, im Strom der Liebe.

Siehe, wenn Ich auch durch Menschenmund schweige – Kind Meines Herzens: Ich Bin der redende Gott in dir – in dir – in dir – in jedem von euch! Ich Bin der redende Gott in euren weltlichen Herrschern. Ich Bin der redende Gott in allen, die Mich verleumden, die Mich verkennen, die Meinen Sohn lächerlich machen.

Nur jene hören Meine Stimme, die sich aufmachen, um zur inneren Wahrheit zu finden, die das Gesetz der Liebe ist. Und so ihr in Meinem Gesetz lebt, seid ihr alle Brüder und Schwestern; ihr seid in Mir, und Ich wirke durch euch. Wer in Mir lebt, der lebt im Sohn, der erspürt, was es bedeutet, der Nächste als Kraft und Licht, als Liebe und Weisheit wieder im Nächsten zu sein; der weiß, was es bedeutet: an- und aufnehmen.

Meine Kinder, Ich Bin – ewiglich. Und ihr seid als Wesen des Lichtes in Mir ewiglich. Werdet euch dieses bewußt. In jeder irdischen Stunde, an jedem Tag, in jeder Situation – einerlei, was auf Meine Menschenkinder zukommt: Werdet euch dieses bewußt, und ihr spürt die helfende und schützende Liebekraft, Mich, euren Vater, in euch und in euren Nächsten. Und so Bin Ich – wie auch ihr seid – ewiglich.

Ich Bin der Ewige von Ewigkeit zu Ewigkeit: Gott, euer Vater, das Sein, das Licht der Gestirne, die Kraft in der Erde – Ewigkeit.

Das Barometer Natur zeigt auf, wo die Menschheit steht

Offenbarung von Christus, 1993

Ich Bin das ewige Meer, der Ozean der unendlichen Liebe, Geduld und Barmherzigkeit. Kommet in das Licht der Gnade! Kommet herein in das Leben, das Ich Bin.

Wisset, daß ihr niemals von Mir, dem Christus Gottes, der Ich Bin, getrennt seid. Ich wohne in euch, in jedem von euch, und spreche in dieser Stunde durch Mein Instrument, durch Mein Mundstück. Deshalb taucht ein in das Wort der unendlichen Liebe. Taucht ein in den ewigen Ozean. Taucht ein in die unendliche Gnade – und ihr empfanget das Licht des Herrn, das Ich Bin.

O erkennet: Ich Bin nicht mehr der Mensch Jesus. Ich Bin der Sohn Gottes, der zur Rechten des Ewigen sitzt und euch die Gnade, die Liebe, die Güte und Barmherzigkeit des ewigen Vaters bringt. Deshalb spreche Ich durch Prophetenmund, denn Ich habe nicht die Sprache der Menschen.

Taucht also in das Wort, das Ich Bin, ein, und ihr erfaßt die unendliche Gnade, die euch in dieser Stunde zuteil wird. Laßt ab von jeglichem Zweifel, und vergegenwärtigt euch, daß Ich, der Christus Gottes, in euch wohne. Ihr seid niemals getrennt von Mir. Ihr müßt nicht da- und dorthin gehen, um zu beten. Kehret ein – ja, kehret in euer Inneres ein. Dort Bin Ich in jedem von euch. Ich Bin das Leben eurer Seelen. Ich Bin das Leben jeder Zelle eures Leibes. Ich Bin das Leben in jedem Tier, in jeder Pflanze, in jedem Stein. Schätzt ihr wahrlich das Leben, dann seid ihr eins mit Mir. Und wer mit Mir eins ist, der ist auch eins mit den Naturreichen, mit der ganzen Erde, mit allen vier Elementen.

Wer jedoch nur auf das Menschliche, das Sündhafte, blickt, der blickt nur auf den Leib, auf das Sterbliche, das wieder zur Erde wird. Wer jedoch auf Mich blickt, den Christus Gottes, der Ich Bin, der erlebt sich selbst als Kind

Gottes, der achtet und schätzt das Leben der Tiere, Pflanzen und Mineralien. Viele Menschen glauben, sie müßten ausschließlich auf ihren physischen Leib blicken, und vergessen dabei die Einheit, das Leben, Gott. So haben viele das Erdreich vergessen, und so sündigen viele gegen das Erdreich, sind also gegen die Natur.

O ihr Menschen, ist euch bewußt, daß ihr ohne die Natur, ohne Tiere, Pflanzen und Mineralien, nicht leben könnt? Viele haben dies noch nicht begriffen, haben das Erdreich geschändet und schänden es weiterhin. So schänden sie auch ihren physischen Körper.

Wahrlich, wahrlich, Ich sage euch: Die Natur ist das Barometer für euer Leben oder für euer Sterben. Stirbt die Natur, dann stirbt das Menschengeschlecht. Erblüht die Natur, ist sie gesund, dann ist auch der Mensch gesund, und das Menschengeschlecht tut sich auf für das Licht. Viele Menschen öffnen sich für die Finsternis und schänden die Erde, schänden Tiere, Pflanzen und Mineralien.

O erkennet: Viele sagen, „Wir werden dem Erdreich weitere Stoffe zuführen, künstliche Stoffe". Das gleiche gilt auch für den physischen Körper: „Wir führen dem Körper künstliche Stoffe, Medikamente, zu" – so sprechen viele. „Und somit werden wir uns selbst und auch die Natur erhalten, um sie weiter ausbeuten zu können." Der Schein trügt. Die Natur ist am Sterben, und so stirbt auch dieses sündhafte Menschengeschlecht.

Die Natur ist also das Barometer für euer irdisches Dasein. Blicket in die Natur. Pflanzen und Tiere werden gequält durch die künstlichen Stoffe. Pflanzen und Tiere werden gequält durch Manipulationen. Viele sagen: „Was kümmern mich Pflanzen und Tiere? Ich bin ich, der Mensch!" O Mensch, all das Künstliche, all diese Manipulationen, auch Genmanipulationen genannt, nehmt ihr mittelbar selbst auf. Mittelbar werdet ihr selbst manipuliert, und unmittelbar dann, wenn ihr euch manipulieren laßt.

O erkennet: Ihr nehmt die Nahrung auf. Ihr verzehrt das Fleisch eurer Übernächsten.

Wer seid ihr? Seid ihr Kannibalen, die das Fleisch der Übernächsten verzehren? Die Essenz der Natur ist ein Teil eures wahren Lebens – wie geht ihr mit diesem Leben um? Ihr sagt: „Die Natur blüht noch, und so werden auch wir noch erblühen." Ich sage euch: Die Natur stirbt, und das sündhafte Menschengeschlecht stirbt aus. Laßt alle künstlichen Mittel, also künstlichen Stoffe – ihr nennt sie Düngungsmittel –, hinweg; laßt alle künstlichen Stoffe von eurem physischen Körper hinweg, laßt also alles sein – dann seht ihr, wo die Natur steht. Und dann seht ihr auch, wo dieses sündhafte Menschengeschlecht steht. Nicht nur am Rande des Abgrunds, sondern vieles ist schon in der Tiefe und kann kaum mehr gehoben werden. *

---

* Vieles von dem, was der Christus-Gottes-Geist bereits vor Jahren der Menschheit offenbarte, ist inzwischen eingetreten; Wissenschaftler berichten darüber in den Medien. Näheres lesen Sie in der Broschüre „Katastrophen, Erdumwälzungen, Sterben. Gott hat rechtzeitig gewarnt", 64 S., Verlag DAS WORT Marktheidenfeld (siehe auch Seite 259).

Sehet: Die Tiere leiden. Die Pflanzen leiden. Und so leidet der Mensch. Tiere leben im Siechtum, ja die ganze Natur lebt im Siechtum. So lebt auch der Mensch im Siechtum. Denkt an eure schweren Krankheiten, an eure Leiden. Denkt, wie viele Menschen hinsiechen. Und viele sagen immer noch: „Die Natur ist zu retten". O Mensch, die Natur ist nur dann zu retten, wenn deine Seele zu retten ist. Und wenn du sagst, dein Körper ist dir von Bedeutung, diesen mußt du retten – dann sage Ich dir, Christus: Du hast ihn schon verloren!

Erkennet: Das Barometer Natur zeigt auf, wo die Menschheit steht. Doch Gott, unser ewiger Vater, berührt euch abermals durch Mich, Christus. Er läßt euch nicht dahinsiechen. Er stürzt euch nicht ins Verderben. Die unendliche Liebe ruft durch Mich, Christus: Kommet alle zu Mir her, die ihr mühselig und beladen seid. Ich möchte euren Seelen das Heil bringen. Und wer das Heil der Seele annimmt, der nimmt Mich an und auf; dessen Körper kann heilen, so es gut für die Seele ist. Der

Körper erlangt Widerstandsfähigkeit durch Mich, die innere Kraft. Wer sich jedoch in den Ozean der Liebe, der Gnade und Barmherzigkeit nicht begibt, der geht unter im Meer der Sünde.

Daher gedenke Ich eurer Seelen, denn wenn die Seelen belastet sind, dann wird der Mensch immer und immer wieder gegen Gott sündigen. Er spricht seine Sünde. Er handelt durch seine Sünde und belastet sich mehr und mehr. Wenn Sünden über Generationen hinweg aufgebaut werden, dann glaubt der Mensch, daß er getrennt sei von Gott; er fühlt sich dann selbst als der Gott und handelt gegen alles, was göttlich ist, gegen die Natur und somit gegen sich selbst.

Ich Bin gekommen, euer Inneres Leben zu rufen, das Leben, das von Dauer ist. Es ist das göttliche Leben, es ist euer wahres Sein. Wollt ihr ins Verderben gehen? Dann bleibt ihr auch in der Sünde. Wollt ihr in das Licht gehen? Dann löst euch von den Fesseln der Sünde.

Wahrlich, wahrlich, Ich sage euch: Ich Bin im Wort wiedergekommen, um euch von den

Fesseln der Sünde zu lösen, denn ihr sollt eingehen in das Licht, in den unendlichen Ozean der Liebe, Güte, der Gnade und Barmherzigkeit, in Gottes heiligen Odem.

Viele sagen: „Was hat das noch für einen Sinn, auf dieser Erde zu leben, wenn die Natur stirbt und mein Körper auch hinsiecht und stirbt?"

Ich sage dir: Du stehst in der mächtigen Gnade Gottes. Erkenne dies! Denn im Erdenkleid zu sein heißt, in Kürze die Schuld, die Sünde zu erkennen, zu bereinigen, um sie nicht mehr zu tun. Verliere dich nicht in deine Zweifel. Gib niemals auf. Erkenne: Du bist Mensch und lebst in der Gnade. Nütze die Gnade, die kurze Erdenzeit! Bereinige dein Sündhaftes mit Meiner Kraft. Tue es nicht mehr. Löse dich also von den Fesseln der Sünde, und kehre zurück in das ewige Licht, von wo du ausgegangen bist.

Und wenn du fragst „Was ist mit dieser Erde?" – Ich sage dir, ein neues Menschengeschlecht entsteht, so, wie ein neuer Himmel und eine neue Erde entstehen wird. Und das neue Menschengeschlecht ist gereinigt von der Sünde, dem Übel der Zerstörung.

O erkennet: Ich baue Mein Inneres Reich auf, das ganz allmählich im Äußeren sichtbar wird. Ich baue das Friedensreich auf, von diesem die Propheten des Alten Bundes schon sprachen. Auf einem kleinen Fleckchen dieser Erde beginnt es, unscheinbar. Was klein beginnt, ist gut; es wird wachsen. Und so habt ihr die Antwort: Ich baue das Innere Reich auf, das nach außen strömt und wächst, so, wie sich die Erde reinigt und auch das Firmament.

Höret die Stimme eures Bruders und Erlösers, Christus. Ihr Menschen aller Völker, Mein Wort erschallt über den Äther, und Mein Wort geht in die Herzen ein, die sich für Mich öffnen. So kehrt ein in euer Inneres, und empfanget das Heil, den Frieden und die Heilung für eure Seelen. Durch Mein Wort habt ihr erkannt, daß Ich niemals euren physischen Leib heile, denn das Unheil, das sich an eurem physischen Leib auswirkt, ist das Unheil der

Seele, die Sünde, die in den physischen Leib strahlt und das im Leib bewirkt, was ihr der Seele auferlegt habt.

Kehret also in euer Inneres ein, und wisset: Ich, der heilende und helfende Christus, wirke in euch. Ihr Menschen aller Völker, jetzt erlebt ihr das Göttliche Prophetische Heilen, das Heil für eure Seelen. Einerlei, wo ihr euch befindet, setzt euch aufrecht hin. Seid ihr mit euren Fahrzeugen unterwegs, sucht einen Halteplatz. Seid ihr zu Fuß unterwegs, sucht eine ruhige Nische, um euch verinnerlichen zu können, denn das Heil ist in euch.

An Kindes Statt habe Ich euch angenommen. Deshalb spreche Ich nun zu euch: „Meine Kinder." Fühlt euch hineingenommen in den Ozean der unendlichen Liebe und Gnade. Fühlt euch hineingenommen in die süße Liebe des ewigen Vaters.

Ja, Er liebt euch – dich liebt Er, dich liebt Er. Wo du auch bist, o Menschenkind – Er liebt dich. Auch wenn deine Sünden schwer sind, wenn du glaubst, Gott hätte sich von dir abgewandt, erkenne: Du hast dich von Ihm abgewandt. Sein mildes Auge ruht immer auf dir – Er liebt dich. Und diese Liebe ist der Christus in dir, der deiner Seele das Heil und die Heilung bringt. Die unendliche Liebe ist die kosmische Liebe. O Kind, wisse, daß du ein unsterbliches Wesen bist, ein Kind des ewigen Seins, der kosmischen Liebe.

Kehre ein. Vertraue dich Mir an, und wisse: Wenn sich deine Sünden von deiner Seele lösen, wenn sie also durch Meine Kraft umgewandelt werden, dann spürst du, was es heißt, zu leben; dann spürst du, daß die Natur ein Teil deines Lebens ist; dann spürst du auch die große kosmische Einheit, den mächtigen Schöpfergeist in den Tieren, Pflanzen und Mineralien, die mächtige Schöpferkraft in den Elementen.

Mein Kind, Ich führe dich zur Einheit, und so führe Ich dich in dein wahres Leben hinein, das Liebe und Einheit ist. Komm, komme an das Herz des Christus! Tauche ein in das unendliche Meer, in den Ozean der Liebe. Vertraue dich Mir an.

Atme. Atme ganz ruhig.

Sei still – Ich Bin.

Dein Atem ist der Odem Gottes, das Leben.

Sei still, und atme ruhig – Ich Bin.

Mache dir das mächtige Ich Bin bewußt. Ich Bin.

Das mächtige Ich Bin ist in dir, in deinem Atem.

Atme ruhig, und vertraue dich Mir an.

Siehe, Ich wirke in deiner Seele.

Über deinem Haupt entsteht nun die mächtige Feuerzunge, die Urkraft, das Bewußtsein: der Vater und Ich sind eins. Viele von euch wissen um die Feuerzunge. Nehmt sie bewußt auf. Symbolisch sind es die Hände des Jesus von Nazareth.

Atme. Atme. Und sei still. Deine menschlichen Gedanken ziehen von dir. So, wie du atmest, ziehst du die Feuerzunge, den Urgeist, den Heiligen Geist, in deinen Körper. Jede Zelle deines Leibes atmet. Jede Zelle deines Leibes ist erfüllt von der Urkraft. Die Urkraft durchströmt deinen Körper.

Die Urkraft wirkt in jeder Zelle deines Leibes. Die Urkraft, die heilige Feuerzunge, wirkt in jedem geistigen Partikel deiner Seele und ist eins mit Mir, dem Erlöserfunken in deiner Seele.

Jetzt fühlst du dich im Meer der unendlichen Liebe, eingetaucht in den großen Ozean der Liebe und Gnade.

Atme ruhig, ganz ruhig, und sei dir der Gegenwart Gottes bewußt – Ich Bin.

Siehe, wenn du deine Sünden erkennst, bereust, bereinigst und nicht mehr tust, dann reifst du im Licht der Gnade. Würdest du deine Sünden nicht erkennen, dann würdest du immer wieder dieselben Sünden begehen. Deshalb heißt es: Erkenne deine Sünden. Bereinige sie, und tue sie nicht mehr. Anstelle dessen erfüllst du Gesetzmäßigkeiten des Lebens. Du erfährst sie in den Zehn Geboten und in der Bergpredigt.

Mein Kind, siehe, Ich wirke in deiner Seele. Ich rege in deiner Seele Aspekte deines Sündhaften an. Sie steigen in dein Oberbewußtsein.

Du erkennst dich selbst in den Bildern der Vergangenheit. Du weißt nun, was du verursacht hast. Das bereinige. Bitte von Herzen um Vergebung, und vergib du auch deinem Nächsten, von dem du glaubst, er hätte sich an dir versündigt. Auf diese Weise reinigt sich deine Seele. Auf diese Weise empfängt dein Körper Licht und Kraft. Auf diese Weise erstarkt deine Seele in Mir, und dein Leib kann gesunden, so es gut für deine Seele ist. Gedenke deiner Seele!

Mein Kind, Ich wirke in deiner Seele. Ich strahle sündhafte Aspekte an. Sie steigen in dein Oberbewußtsein. Betrachte dich in den Bildern, die du nun in deinem Oberbewußtsein erkennst. Viele wissen, daß Gedanken, Gefühle, Empfindungen, Worte und Handlungen Bilder sind. Diese Bilder sind in der Seele, und diese Bilder steigen nun in das Oberbewußtsein. Betrachte dich.

Willst du die erkannten Sünden bereinigen? Dann empfängst du auch das Licht zur Reue. Es ist das Licht der Gnade.

Mein Kind, jetzt empfängst du das Licht der Gnade, um das zu bereuen, was du in deinem Bild erkannt hast, deine Sünden.

Bereue. Bitte um Vergebung. Und nun nimmst du dir fest vor, diese erkannten Sünden nicht mehr zu tun. Anstelle dessen erfüllst du eine Gesetzmäßigkeit aus den Zehn Geboten und der Bergpredigt. Diese Gesetzmäßigkeit gib in deine Gehirnzellen ein, denn wisse: Deine Krankheit liegt in deinem Gehirn, im Ober- und Unterbewußtsein, in deiner Seele und ist in den Gestirnen gespeichert.

Gib also eine Gesetzmäßigkeit in dein Gehirn ein. Die Zellen des Gehirns nehmen es auf und geben es weiter an deinen Körper. Gleichzeitig wandle Ich die Sünde in deiner Seele um. Das Licht strahlt nun in deinen Körper, zu deinen Zellen, zu deinen Organen, zu allen Bausteinen deines Leibes. Licht ist Liebe. Liebe heilt.

Mein Kind, vergiß niemals das Idealbild. Baue es Tag für Tag aus und auf. Laß dieses

Idealbild die Mitte deines Lebens sein. Wende dich immer wieder deinem Idealbild zu, und du wirst auch von deinem Idealbild ermahnt werden: Erkenne dein Sündhaftes. Bereue, bereinige, und tue es nicht mehr! So ermahnt dich das Idealbild. Und es spricht zu dir: Erfülle eine Gesetzmäßigkeit – und bringe sie auch Mir.

So erlebt ihr euch mehr und mehr als das vollkommene Wesen in Gott, als das Ebenbild des ewigen Vaters: rein, schön, ausgeglichen, harmonisch, erfüllt von dem Leben, Gott. Das ist euer Idealbild. An diesem haltet fest. Laßt es nicht los. Das heißt: Bleibt im aktiven Glauben – und im aktiven Glauben zu bleiben heißt, tagtäglich die Sünden zu bereinigen und sie nicht mehr zu tun. Dann leuchtet in eurem Inneren das Idealbild, und ihr selbst beginnt zu leuchten; ihr selbst fühlt euch gesund, kraftvoll und eingetaucht in den Ozean der unendlichen Liebe.

Mein Kind, abermals beginne Ich mit der Heilung der Seele. Ich bewege Mich in deiner Seele, Ich, der Christus Gottes.

Wieder kommen Bilder. Betrachte dich. Erkennst du dein Sündhaftes? Willst du es bereinigen? Dann nimm die Gnade, die Güte und Liebe, die Kraft zur Reue. Bereue! Bitte um Vergebung! Vergib auch deinem Nächsten. Nimm dir fest vor, diese Sünde nicht mehr zu tun. Und nun gib eine Gesetzmäßigkeit in deine Gehirnzellen ein und auch in dein Idealbild.

Siehe, in deiner Seele wandle Ich das Sündhafte um, das, was du von Herzen bereut hast, das, was du nicht mehr tun wirst.

Licht, unendliches Licht, entfaltet sich in deiner Seele. Es strahlt in deinen Körper. Es durchglüht jede Zelle deines Leibes, jedes Organ, alle Bausteine deines Körpers.

Atme. Atme, und fühle dich frei. Fühle das Licht der Heilung in deiner Seele und auch in deinem Leibe, dann, wenn du im aktiven Glauben bleibst; dann, wenn du täglich deine Sünden erkennst, bereinigst und nicht mehr tust.

Siehe, Ich bewege Mich weiter in deiner Seele. Immer wieder kommen Bilder. Immer wieder erkennst du dein Sündhaftes. Während Ich nun weiterhin in deine Seele und in deinen Körper strahle, erlebst du dich in deinen Bildern. Du kannst jetzt laufend bereinigen. Nütze die Augenblicke der Gnade, der Liebe, der Güte! Nütze die Augenblicke, in diesen du eingetaucht bist in das Meer der unendlichen Liebe und Gnade.

Mein Kind, wo du dich auch befindest, siehe: Ich Bin der heilende Christus. Ich bewege Mich in deiner Seele. Bereinige, während Ich strahle.

Mein Kind, sprich nicht von der Krankheit. Siehe, Ich Bin Gesundheit. Sprich von der Gesundheit, dem Christus Gottes in dir! Laß los, Mein Kind, und übergib dich Mir. Sprich nicht von Krankheit, sprich nicht von den Gebrechen; du verstärkst sie nur. Fühle, denke, spreche von Gesundheit, und handle nach den Gesetzen der Liebe.

Und du empfängst nun die Frohbotschaft. Wo du auch bist, Mein Kind: Ich heile deine

Seele und über deine Seele den Leib. Ströme der Heilung durchglühen deine Seele. Bereinige du. Sie durchglühen deinen Leib. Bereinige weiter.

Ihr Zellen des Leibes, atmet das Licht, das Ich Bin. Alle Bausteine des Körpers, empfanget Meine heilige Strahlung. Liebe heilt. Bereinige, Mein Kind. Es kommen weitere Bilder. Bereinige, geliebtes Kind.

Heilende Strahlen durchglühen die Seele. Heilende Strahlen wirken in deinem Körper. Und so du bereinigst, fühlst du das Wort des Herrn in dir: Du bist gesund! Du bist gesund! Wandle im Lichte der Gnade.

Und so du glaubst, bettlägerig sein zu müssen – Ich sage dir: Steh auf! Nimm dein Bett, und wandle. Die unendliche Gnade ist bei dir. Und so du täglich erfüllst, was dir der Tag zuspiegelt, bist du im Licht des Herrn, das Ich Bin.

Ich rufe deine Sinne – Sehsinn, Gehörsinn, Geruchs-, Geschmacks- und Tastsinn: Ich Bin das Licht der Welt, das Licht deiner Seele. Ihr Sinne, reinigt euch in Meinem Licht. Und du, o Mensch, sprich: Ich bin gesund. Und bleibe im aktiven Glauben. Dann schaust du das Licht. Dann hörst du das Wort der Liebe. Du riechst, schmeckst und betastest das Leben, die Natur, das Sein. Und du fühlst die Wärme des Schöpfergeistes in den Elementen. Sprich, o Mensch: Meine Sinne leuchten im Lichte der Wahrheit.

Tauche ein! Tauche ein in den Strom der unendlichen Liebe.

Mein Kind, es kommen weiter Bilder, denn Ich berühre immer wieder dein Sündhaftes. Bereinige. Nütze die Augenblicke dieser mächtigen Christus-Gottes-Strahlung, die Ich Bin.

Geliebtes Kind, atme ruhig. Du bist im Ozean der Liebe, hineingenommen in die große Kraft des Vaters.

Heilende Ströme wirken in der Seele. Heilende Ströme durchstrahlen die Seele und wirken in deinem Körper, o Kind.

Bist du an den Rollstuhl gefesselt, an Krükken gefesselt, bist du also gehbehindert, Kind, im Lichte der Wahrheit wandeln alle Reinen. Bereinige, was du erkennst, und vernimm Mein Wort in deinem Herzen: Steh auf, und wandle! Du bist nicht behindert – behindere dich nicht selbst durch deine Sünden. Steh auf, und wandle. Bereinige Tag für Tag – und du stehst im aktiven Glauben, und du lebst in Mir, dem Christus Gottes, der Ich Bin.

Abermals fließt der Strom der Heilung durch die Seele in deinen Leib. Mein Kind, wo du auch bist – Ich Bin bei dir.

Höre das Wort des Heils, und erfülle es. Steh auf! Nimm dein Bett, und wandle! Steh auf und gehe. Gehe aufrecht. Sei geradlinig in deinem Leben, und du wandelst in Mir, dem Christus Gottes, und durch Meine Kraft.

Ströme der Heilung wirken weiter in dir, Mein Kind, in deinen Sinnen, in deinem Körper. Einerlei, welche Krankheit du glaubst zu besitzen – Ich sage dir: Wer Mich bewußt besitzt, indem er sich Mir anvertraut, der beginnt zu leben. Ich Bin das Leben in dir. Ich

Bin das Leben deiner Seele. Ich Bin das Leben in deiner Zelle.

Mein Kind, in jedem Baustein deines physischen Körpers lebe Ich, der Christus Gottes. Nimm Mein Wort in deinem Herzen auf, und erfülle. Erfülle Schritt für Schritt die Gesetze der Liebe, und du wirst in Mir erwachen. Und wer erwacht ist, der steht auf und wandelt. Er spricht: Ich bin gesund, weil ich in Christus bin.

Kind, laß keine Zweifel zu, keinen Gedanken an Krankheit – Ich, der Christus, Bin die Gesundheit in dir.

Geliebtes Kind, fühle die Strahlung, die unendlich heilende Strahlung. Ich heile deine Seele. Und so, wie du deine Sünden bereinigst und nicht mehr tust und mehr und mehr die Gesetze des Heils erfüllst, gesundet dein Leib. Und wenn deine lichte Seele den Leib nicht mehr trägt, wahrlich, Ich sage dir, dann gehst du als Wesen des Lichtes in das Licht ein. Siehe, deshalb geht es um deine Seele! Denke an deine Seele. Und wenn es gut ist für deinen geistigen Körper, dann wird alles im Äußeren geschehen.

O Kind, geliebtes Kind, empfange die Strahlen der Heilung. Ich heile deine Seele. Kind, es kommen weiter Bilder – bereinige! Ich, der Christus Gottes, strahle in deinen Körper.

Der Ruf des Christus Gottes erschallt in dir: Steh auf! Nimm dein Bett, und wandle. Steh auf, und gehe. Richte dich also auf mit der Kraft des Herrn, mit dem Licht, das Ich Bin. Und gehe. Gehe hin, und sündige fortan nicht mehr. Dein Glaube, dein aktiver Glaube, hat dir geholfen. Gehe hin, und erfülle mehr und mehr die Gebote des Lebens, und du bist an Seele und Leib gesund.

Wieder kommen die Strahlen der Heilung und des Heils. Sie glühen in deiner Seele auf – Bilder kommen. Heilende Kräfte strömen in deinen Körper. Höre das Wort des Herrn, der Ich Bin, in deiner Seele, in deinem Herzen. Bejahe die gereinigten Sinne. Bejahe die Gesundheit in dir. Steh auf. Nimm dein Bett und wandle. Steh auf und gehe! Wandle im Licht des Herrn, der Ich Bin, Christus, dein Erlöser, dein Befreier.

Ihr Menschen in allen Völkern dieser Erde, bleibt im Strom der Liebe, im mächtigen Ozean Gottes. Fühlet mehr und mehr die Strahlung der Liebe. Liebe heilt. Ihr seid in der Gnade. Nützt die Erdenzeit. Bereinigt, und bleibt in dem Bewußtsein: Ich Bin immer in euch, immer gegenwärtig. Bleibt im aktiven Glauben. Jeder Tag spiegelt euch euer Sündhaftes zu. Jeden Tag könnt ihr bereinigen. D a s ist aktiver Glaube. Und wer im aktiven Glauben bleibt, der sündigt fortan nicht mehr. „Der aktive Glaube hat dir geholfen", so sprach Ich als Jesus von Nazareth. „Gehe hin, und sündige fortan nicht mehr." Glauben heißt gleich, aktiv zu sein, zu bereinigen, was an Menschlichem, an Sündhaftem, vorliegt.

Meine Kinder in dieser Welt, Ich bleibe in euch. Wenn nun auch Mein Wort durch Prophetenmund verklingt – Ich, der heilende und helfende Christus, Bin und bleibe in euch. Wo ihr euch auch befindet – Ich Bin in euch. Ich bleibe in euch. Erkennet die unendliche Gnade und die Führung durch diese Zeit.

Vergeßt nicht das Naturbarometer. An der Natur könnt ihr ablesen, wo diese Welt steht und wo das sündhafte Menschengeschlecht steht.

Meine Kinder, erkennet das Hauptgebot der unendlichen selbstlosen Liebe: Liebt von ganzem Herzen, mit all euren Kräften Gott, unseren ewigen Vater. Liebt Ihn in dem Bewußtsein, daß ihr alle Seine Kinder seid. Liebt euren Nächsten selbstlos. Auch ihr wollt geliebt sein. Deshalb liebt auch euren Nächsten selbstlos, in der Erkenntnis: In jedem Bin Ich, Christus. Dann achtet ihr euren Tempel und den Tempel eures Nächsten. So erfüllt ihr mehr und mehr das Hauptgebot, euer göttliches Erbe, die unendliche Liebe, die ewige Heimat, den Frieden und die Harmonie.

Wahrlich, wahrlich, Ich sage euch: Wer den Vater über alles liebt, der liebt auch Mich, den Christus Gottes. Und wer Mich liebt, der ist Mein Bruder, der ist Meine Schwester, und wir alle sind Kinder der unendlichen Liebe, Kinder des ewigen Vaters.

Mein Segen und Meine Kraft bleiben in euch. Mein Segen strömt über den Äther und erfüllt alle aufrechten Herzen, alle Seelen, alle Menschen, die guten Willens sind.

Mein Friede geht in die Stätten der Reinigung zu den Seelen, die Mein Wort hörten, und zu allen, die sich abgewandt haben.

Mein Segen strahlt in die Naturreiche zu den Tieren, den Pflanzen und Mineralien.

Mein Licht leuchtet in dieser Welt, und wer diese Welt verliert, der gewinnt Mich. Daher nehmet an den Frieden – Friede allen Menschen. Friede allen Seelen. Friede in den Naturreichen. Friede, unendlicher Friede, ergießt sich über alle Menschen, über alle Seelen, über die ganze Erde. Friede, unendlicher Friede.

Gedenkt stündlich und minütlich des Christus Gottes, der Ich Bin. Bleibt im aktiven Glauben, und ihr bleibt im Frieden.

Friede, Friede, so spricht der Himmel. Friede allen Menschen. Friede. Friede, der Christus Gottes, der Ich Bin.

Friede.

Richtet euch auf, um die rechte Geisteshaltung zu erlangen. Ihr seid Erben der selbstlosen Liebe

Offenbarung von Christus, 1993

Ich Bin der Ich Bin, Christus, euer Bruder und Erlöser. Mein Wort ist das Wort der Himmel, das aus dem ewigen Sein durch alle Reiche strömt, durch die Stätten der Reinigung und auf diese Erde, zu allen Menschen und Wesen, die ihre Herzen für das wahre Leben öffnen. Denn sie fühlen die Tautropfen Inneren Lebens und laben sich an dem Quell, an den Wassern des ewigen Seins.

Höret, ihr Menschen aller Völker, Ich Bin wahrlich Christus, der Sohn des lebendigen Gottes. Ich spreche durch Mein Instrument, das Mein Mundstück ist, denn ihr habt gehört: Ich Bin nicht im Fleische und habe nicht das Wort und die Stimme der Menschen. Der Mensch, durch den Ich spreche, ist eure Schwe-

ster und gleichsam Dolmetscherin Meines heiligen Wortes. Wer die Tautropfen Inneren Lebens, die Wasser des Seins, trinkt, der erspürt den Inhalt Meiner Worte und labt sich daran. Solche Menschen erfahren Mich im Herzen und erspüren die unendliche Liebe des ewigen Vaters.

Wahrlich, wahrlich, Ich sage euch, Ich, Christus, komme der Erde immer näher. Mein Strahlung geht Mir voraus. Diese wird immer intensiver und berührt alle Menschen und Wesen, die guten Willens sind. Das erkennt auch der Widersacher, denn die Zeit ist gekommen, in dieser der Satan mehr und mehr gebunden wird. Gleichsam einem Löwen im Käfig wird er schreien und brüllen, denn er kann auf dieser Erde immer weniger wildern, um die Schafe zu reißen.

Wachet auf und seid getrost: Ich, euer Bruder und Erlöser, komme, doch Ich komme nicht mehr in das Fleisch – Ich komme im Geiste und werde unter all jenen sein, die die rechte Geisteshaltung haben. Daher bauet eure Seelen auf und labet euch an den Wassern des Lebens, an dem Quell, der unermüdlich fließt.

In der Zukunft werdet ihr die Wandlung erkennen, denn diese Zeit wandelt sich. Erschreckt nicht, auch wenn der Löwe immer noch schreit, ja gleichsam brüllt, denn er hat Hunger nach Meinen Schafen. Doch viele Schafe kennen mehr und mehr Meine Stimme und richten sich auf Mich, Christus, aus. Ja, sie werden sich nicht mehr auf Menschen ausrichten, sondern auf den Christus-Gottes-Geist, auf die Quelle des Lebens, die Ich in jeder Seele und in jedem Menschen Bin.

Daher gehet einwärts, ja kehret ein in euer Inneres, denn jeder von euch ist der Tempel des Heiligen Geistes. Wer in sein Inneres einzukehren vermag, der erfaßt Mein Wort, und er erfaßt es in der Tiefe. Erkennet und spüret Meine Gegenwart in euch!

Viele werden sagen: „Wenn Du in uns gegenwärtig bist, weshalb sprichst Du durch ein Instrument?" Ich sage euch: Ich spreche durch Mein Instrument, weil ihr Mich noch nicht vernehmt, denn Ich Bin das Gesetz der Liebe. Solange ihr nicht das Gesetz der ewigen, selbstlosen Liebe lebt und verkörpert, könnt ihr Meine Stimme nicht hören. Deshalb rede Ich zu euch durch ein Instrument und gebe euch die Gesetze Inneren Lebens, auf daß ihr sie tagtäglich erfüllt und so zum Gesetz der selbstlosen Liebe werdet. Dann stehen wir bewußt in Kommunikation, und ihr sprecht das Gesetz, und ihr vernehmt Mich, weil Ich das Gesetz der Liebe Bin. Und so dies auf der Erde geschieht, brauche Ich kein Instrument mehr – ihr alle seid dann bewußte Kinder Gottes, die das innere Heil verkörpern, die Gesetze der selbstlosen Liebe erfüllen, und so die Erde anheben, sie gleichsam hintragen zu den heiligen Ufern. Denn das Wasser des Lebens überströmt die sich reinigende Erde und macht sie im Namen des Heiligen Geistes fruchtbar.

So will auch Ich euch fruchtbar machen in eurer Seele. Ja, Ich will euch hinführen zu den Wassern des heiligen Lebens. Ja, Ich will euch tränken und nähren und speisen. Ich will euch führen und leiten, so daß ihr wieder in eurem göttlichen Erbe steht und so lebt, wie euch der ewige Vater geschaffen hat und in Seinem Herzen schaut.

O erkennet und spüret in Meine Worte hinein. Die ewige Wahrheit ist so weit ausgegossen, wie sie Menschen zu verstehen vermögen. Sie liegt vor in Wort und Schrift, und jeder kann sie erlangen; und so er die rechte Geisteshaltung hat, kann er die Wahrheit auch verstehen, weil er sich nicht an den Buchstaben klammert, sondern das Wort dem Sinn nach erfaßt. Das ist dann das heilige Leben, und dieses heilige Leben heiligt gleichsam die Seele und den Menschen.

Deshalb rufe Ich euch immer wieder auf, Ebenbilder Gottes zu werden. Ja, Ich führe euch immer wieder zum Idealbild des vollkommenen Menschen.

O sehet: Ich habe wahrgemacht, was Ich als Jesus von Nazareth versprochen habe: Ich werde euch den Tröster, den Heiligen Geist, senden, der euch in alle Wahrheit führt. – Die

Wahrheit ist also ausgegossen, und der Tröster spricht; Er lindert und heilt – Christus, der Ich Bin in jedem von euch. Deshalb hört ihr in dieser geheiligten Stunde den Tröster und Inneren Arzt und Heiler, Christus, im Göttlichen Prophetischen Heilen.

Viele von euch bauen täglich das Idealbild des vollkommenen Menschen auf und aus. Viele denken auch immer wieder an das Ebenbild Gottes. Viele stehen im aktiven Glauben, das heißt, sie erkennen täglich ihr Sündhaftes, bereinigen dieses und erfüllen Schritt für Schritt die Gesetze des Lebens. Viele jedoch hören Meine Stimme zum ersten Mal. Ihnen will Ich kurz erklären, was das Idealbild des vollkommenen Menschen bedeutet.

Erkenne, o Mensch, daß du ein Kind Gottes bist. Das Idealbild des vollkommenen Menschen liegt darin, daß du dem Ebenbild Gottes zustrebst, denn du bist das Ebenbild des ewigen Vaters im Herzen Gottes. Das Idealbild, gleich Ebenbild, besteht aus ethisch-moralischen Prinzipien. Erkenne also: So, wie du denkst, wie du fühlst, wie du sprichst und handelst, so schaffst du dein Bild.

Viele haben ein menschliches Bild geschaffen, das Ich-Bild, das abgekehrte Bild vom Idealbild des vollkommenen Menschen. Doch jetzt kehre um, o Mensch, und erkenne dich im Angesicht Gottes. Und so du dich im Angesicht Gottes erkennst, wirst du dir immer wieder selbst die Frage stellen: „Wenn ich haßerfüllte Gedanken habe, bin ich dann das Ebenbild der vollkommenen Liebe, des Friedens und der Harmonie?" Und der, der sich aufrichtet, um die rechte Geisteshaltung zu erlangen, wird sagen: „Nein! Haß, Neid, Feindschaft, Abwertung, Aufwertung und vieles mehr darf nicht sein. Ich bereue. Ich bereue von ganzem Herzen, was ich gefühlt, empfunden und gedacht habe. Ich werde dieses Menschliche nicht mehr tun." So wird er bereinigen und das Menschliche nicht mehr tun. Was tut er anstelle dessen? Er denkt über die Zehn Gebote und über die Bergpredigt nach und sagt sich: Was ich möchte, daß mir mein Nächster tut, das tue ich ihm zuerst.

Was möchtest du? Du möchtest geliebt werden. Liebe deinen Nächsten von ganzem Herzen; achte und schätze ihn. So erlangst du die rechte Geisteshaltung, und so wird auch das Idealbild des vollkommenen Menschen erstehen und das Ebenbild Gottes. Was du an Sündhaftem bereinigt hast und nicht mehr tust, zeigt dir gleichsam auf, was du an Gesetzen des Lebens erfüllen sollst. Das gibst du in das Idealbild des vollkommenen Menschen ein. Und so du krank bist, so du leidest, erkenne: Leid, Krankheit, Schicksal und vieles mehr bestehen aus unzähligen Bausteinen negativer Gedanken. Zweiflerische Gedanken sind ebenfalls Bausteine, die sich zusammenfügen, ein Krankheitsbild ergeben können, die zu Schicksalen und vielem mehr führen können. Siehe: Vieles davon liegt in deinem Unterbewußtsein. Das Unterbewußtsein ist in vielen Fällen aktiver als das Oberbewußtsein.

Doch, o Mensch, wenn du wahrlich Mir, dem Christus Gottes, nachfolgen möchtest, wenn du wahrlich das Innere Leben aufbauen möchtest, dann wirst du Tag für Tag erkennen, was auch im Unterbewußtsein und somit auch in deiner Seele zugrunde liegt. Deine aufrichtige Geisteshaltung wird dir dann immer wieder sagen: Dieses Sündhafte will ich von Herzen bereuen. – Bete um die tiefe Reue, und du erlangst die Reue. Und dann gehe den Weg der Bitte um Vergebung, der Vergebung. Tue das erkannte Sündhafte nicht mehr, und du erfährst in dir Gesetzmäßigkeiten des Lebens. Edle, reine, feine Gefühle, Empfindungen und Gedanken steigen hoch, und diese feinen Schwingungen gibst du in das Idealbild des vollkommenen Menschen ein, der vollkommenen Gesundheit. Zweifle an nichts! Erkenne: Ich, Christus, vermag alles, wenn du im aktiven Glauben bleibst, wenn du also tagtäglich dein Sündhaftes bereust, bereinigst und nicht mehr tust.

So wächst du in dein Idealbild des vollkommenen Lebens, vollkommener Gesundheit, des vollkommenen Menschen hinein, und du fühlst, was es bedeutet, das Ebenbild Gottes, des ewigen Vaters, zu sein. Dein Inneres richtet sich auf. Du hast also die rechte Gesinnung und somit die rechte Geisteshaltung, und du wirst an nichts mehr zweifeln, denn du erkennst: Ich Bin in dir und mit dir. Und so du in diesem Bewußtsein bleibst, vermag Ich alles in dir. Jeder zweiflerische, grüblerische Gedanke trennt uns. Du brichst gleichsam die Brücke zu Mir, deinem Erlöser, Freund, Tröster und Heiler, ab und gehst deine Ichwege. Das Menschliche also ist das Ich, das Sündhafte. Bereinige es, und du wirst die rechte Geisteshaltung erlangen und der Mensch werden, der von Meinem Geiste durchdrungen ist.

So baut sich ganz allmählich das Idealbild des vollkommenen Lebens, des vollkommenen Menschen auf – und du erkennst, was es heißt, das Ebenbild Gottes zu sein: aufrichtig, treu, geradlinig, selbstlos, versöhnlich, verbunden mit dem Nächsten und somit eins mit Mir. Dann wirst du auch nicht mehr die Worte gebrauchen wie z.B. „Ich bin krank. Ich bin leidend. Ein Schicksal nach dem anderen trifft mich. Ich lebe in Not und Elend." Siehe, diese Worte, „ich bin krank", verstärken die Krankheit. „Ein Schicksal trifft mich nach dem ande-

ren" heißt: „Ich verstärke diese Flut der Schicksale."

Wenn du also in diesem negativen Gedanken- und Wortpotential lebst, dann wirst du nur das verstärken, was in deiner Seele liegt, nämlich deine Sünden. Und deine Sünden in der Seele sind die Urheber für Krankheit, Not, Schicksal, Leid und vielem mehr.

O erkennet: Als Ich im Erdenkleid über diese Erde wandelte als Jesus von Nazareth, kamen viele. Ja, sie kamen in Scharen zu Mir und wollten die Heilung. Nicht allen konnte Ich die Heilung geben. Die Pharisäer und Schriftgelehrten lästerten und sagten sinngemäß: „Wie schwach ist Er. Er kann nicht alle heilen. Er spricht, Er wäre Gottes Sohn. Wäre Er Gottes Sohn, so würde Er alle heilen." Damals verstanden sie nicht, was es bedeutet, die rechte Geisteshaltung zu haben. Heute verstehen sie es ebenfalls nicht.

Ich kam nicht in das Fleisch, um das Fleisch zu heilen. Ich kam in das Fleisch, um euch zu sagen: Wandelt hin zum Inneren Licht, denn ausschlaggebend ist die Seele. In der Seele liegt das Heil und die Finsternis – je nachdem, wie der Mensch fühlt, empfindet, denkt, spricht und handelt. O sehet: Ich komme zu euch im Wort und in der Tat, Christus, euer Erlöser und Bruder. Doch im Göttlichen Prophetischen Heilen heile Ich nicht euren Leib. Wenn ihr nur gekommen seid, damit Ich euren Leib heile, dann muß Ich euch sagen: Das werde Ich nicht tun; denn was nützt es, den Leib zu heilen, wenn die Krankheit in der Seele liegt, nämlich eure Sünden. Ich Bin also der Innere Arzt und Heiler, Ich gedenke zuerst eurer Seelen. Geht ihr mit Mir den Weg nach Innen, dann werdet ihr auch mit Meiner Kraft eure Sünden erkennen, bereinigen und nicht mehr tun. Dadurch reinigt sich die Seele. Und so, wie sich die Seele reinigt, reinigt sich auch der Leib. So gesundet ihr also an Seele und Leib.

O erkennet: Ich habe euch an Kindes Statt angenommen durch Meine Erlösertat. Deshalb seid ihr Meine angenommenen Kinder, die Ich zum ewigen Vater führe. Im Namen des ewigen

Vaters spricht der Sohn: „Meine Kinder". Meine Kinder, ihr erlangt nun das Göttliche Prophetische Heilen in euren Seelen, denn Ich Bin der Seelenarzt, der Tröster und der Heiler, Christus, in euch. Machet euch nun bewußt, daß Gott, unser ewiger Vater, euch unendlich liebt – so, wie Er uns alle liebt. Liebe heilt. Und wenn das Kind zur inneren Liebe erwacht, dann wünscht es sich nur das eine: Gott zu gefallen. Und wenn ihr dies euch wünscht, dann werdet ihr auch tagtäglich eure Sünden erkennen und bereinigen und nicht mehr tun, auf daß ihr gottgefällig werdet, aus Liebe zu Gott, eurem, unserem Vater. Und diese unendliche Liebe ist in euch – sie heilt.

Meine Kinder, so gehen wir nun in das Innere Heilen über. Viele Menschen hören Mich in ihren Fahrzeugen. Ich rufe sie: So ihr wollt, sucht eine Nische auf, um anzuhalten. Viele sind zu Fuß unterwegs. Wenn ihr wollt, sucht einen ruhigen Ort auf, wo ihr in euer Inneres gehen könnt, denn das Heil ist in euch. Einerlei, wo ihr euch befindet, o ihr Menschen in allen Völkern dieser Erde, seid ihr in der Gemeinschaft versammelt, setzt euch aufrecht hin, nehmt also auch körperlich die aufrechte Haltung ein. Schließt eure Augen. Und nun sehet das Bild des vollkommenen Menschen. Er ist sanftmütig, demütig, liebevoll; er achtet seinen Nächsten. Er ist aufrichtig, ehrlich, treu. Seine Worte, seine Gedanken, seine Empfindungen und Gefühle sind durchdrungen vom Feuer der ewigen Liebe.

Dieses Bild behaltet. Dieses Bild bewegt sich nun in eurem Inneren. Und dieses Bild will euch immer wieder sagen, woran es noch mangelt. Und der Aufrichtige wird von Herzen bereuen und das Sündhafte bereinigen und nicht mehr tun. Ich möchte euch dabei helfen. Und so ihr es jetzt, in dieser geheiligten Stunde, tut, erlangt ihr das Seelenheil, die Seelenheilung, die sich auch im Körper bemerkbar macht, denn Ich Bin der Innere Arzt und Heiler. Ich will eure Seelen heilen, auf daß auch eure Körper heil werden.

Meine Kinder, habt ihr nun die aufrechte Haltung eingenommen? Habt ihr dieses Ideal-

bild erstellt – die Aufrichtigkeit, die Ehrlichkeit, die Treue und vieles mehr? Dann fühlt ihr euch beschwingt. Ihr fühlt euch leicht, ja gleichsam angehoben. So geht auch euer Atem. Ihr atmet ruhig und tief. Ruhig und tief.

Atmet in dem Bewußtsein Meiner Gegenwart. Fühlt euch sicher in Mir, eurem Erlöser, Inneren Arzt und Heiler. Atmet. Alle menschlichen Gedanken, die euch noch bewegen, übergebt Mir.

Atmet, und baut das Gefühl der Sicherheit in Mir, eurem Erlöser, auf. Ja, Ich durchglühe euch. Ja, Ich durchdringe euch. Ich berühre eure Nerven. Ihr werdet ruhig, ganz ruhig. Der Körper entspannt sich. Das Herz öffnet sich für die heilige Strahlung der Liebe.

Atme, o Kind, und fühle, wie der Gottessegen deinen Körper und deine Seele durchströmt. Atme. Fühle dich in Mir geborgen.

Und nun erscheint die Feuerzunge, der Heilige Geist, über den Häuptern der Gläubigen.

Vielen ist die Feuerzunge bekannt aus Meinen Worten – es sind gleichsam, symbolisch gesprochen, die heilenden Hände des Jesus von Nazareth. Die Feuerzunge bewegt sich über euren Häuptern.

Atmet! Atmet, und zieht die Kraft in euer Ober- und Unterbewußtsein.

Atmet, und zieht die Kraft der Liebe und des Heils in euren Körper. Und nun spürt den Schauer, der durch euren Körper zieht. Die Feuerzunge aus den Himmeln verbindet sich mit der Kraftquelle in euren Seelen. Seele und Körper sind nun durchströmt vom Heiligen Geist.

Atmet, und fühlt den Zusammenschluß Seele und Körper, Feuerzunge und der innere Strom in der Seele.

Atmet. Atmet. Immer mehr erkennt ihr, wie die Feuerzunge in euren Körper einströmt. Ihr spürt die Leichtigkeit eures Atems. Der Körper wird leicht. Alle zweiflerischen und grüblerischen Gedanken weichen. Jetzt fühlt ihr die Sicherheit in Mir, eurem Erlöser und Bruder, dem Christus Gottes. O fühlt euch hineingenommen in die große heilende Liebe.

Atmet, und erspürt den Schauer. Spürt ihn in allen Zellen eures Leibes, und erkennt nun die Freude, die tiefe, beseelende Freude; denn die wache Seele ruft den Leib. Und die Zellen schließen sich an den Heilstrom der Seele an, und so ist der Mensch bewußt verbunden mit Mir, dem Inneren Arzt und Heiler.

Mein Kind, einerlei, wo du dich auch befindest, siehe: Jetzt strömt der Kraftquell Inneren Lebens verstärkt in deinen Körper ein. Er strömt zum Oberbewußtsein. Du erkennst nun deine Sünden. Du erfährst also Aspekte deines Sündhaften. Du siehst dich selbst in Bildern. Betrachte dich. Wie hast du in der Vergangenheit gehandelt? Was hast du über deinen Nächsten gesprochen und gedacht? Hast du Gedanken des Hasses, des Neides, der Feindschaft ausgesandt? Du siehst dich selbst im Bild. Nun sage nicht, dein Nächster hätte Gleiches oder Ähnliches verübt. Bereinige du zuerst das Deine, und dann vergib deinem Nächsten, und du erlangst das Seelenheil und die Heilung deines Leibes, so dies gut ist für deine Seele.

Sieh dich also in den Bildern, in deinen Bildern, die du geschaffen hast durch dein Verhalten, durch deine Gefühle, Empfindungen, Gedanken, Worte und Handlungen.

Und nun gebe Ich dir die Kraft zur Reue. Bereue von ganzem Herzen. Bitte in Gedanken um Vergebung, und vergib auch deinem Nächsten, der an dir Ähnliches verübt hat wie du an ihm. Und nun nimm dir fest vor, dies nicht mehr zu tun. Und so du noch einiges bereinigen kannst, tue es nach Meiner heiligen Strahlung. Jetzt wird es leichter in deiner Seele, und du erfährst nun Gesetzmäßigkeiten Inneren Lebens. Mit diesen Gesetzmäßigkeiten baue nun dein Idealbild vollkommener Gesundheit, vollkommenen Lebens auf und aus.

Mein Kind, abermals kommt der heilige und heilende Strom aus deiner Seele. Er durchdringt die Zellen deines Leibes, steigt zum Oberbewußtsein empor – und wieder entstehen

Bilder. Erkenne dich selbst in deinen selbstgeschaffenen Bildern. Jetzt gebe Ich dir Kraft zur tiefen Reue. Bereue. Bereue von ganzem Herzen. Ja, es muß dich gleichsam in deinem Seelenleib und an deinem Körper schmerzen für das, was du getan, gedacht, gesprochen hast. Das ist die tiefe Reue; sie bewirkt, daß du nun um Vergebung bittest, daß du nun vergibst, daß du die Sünden nicht mehr tust. Und aus diesem Seelen- und gleichsam Körperschmerz steigt nun eine Gesetzmäßigkeit des Lebens empor.

Kind, Mein geliebtes Kind, baue damit dein Idealbild auf und aus und werde so zum Ebenbild Gottes. Siehe: Immer wieder kommen Bilder. Immer wieder erlangst du die Kraft zur Reue. So reinigt sich deine Seele, und so reinigt sich dein Leib.

Sei stark im aktiven Glauben. Laß keine Zweifel zu – siehe, Ich Bin gegenwärtig, denn Ich Bin in dir. Und nun erfahre den Seelenarzt. Ich heile deine Seele. Auch wenn während der inneren Heilung Bilder kommen – Kind, sie kommen und zeigen dir Aspekte deiner Sünden auf. Bereue und bereinige, und baue dein Idealbild auf. Dann bewegt sich auch das sich aufbauende Idealbild in deiner Seele und in deinem Körper, und du erlangst innere Stärke, jeden zweiflerischen und grüblerischen Gedanken Mir zu übergeben, und dann spürst du die Macht des Christus, die alles vermag.

Jetzt strömt der Heilstrom in deine Seele. Heilende Kräfte strömen in deinen Seelenleib. Bilder kommen. Die Reue zieht ein. Du bereinigst und baust dein Idealbild auf. So reinigt sich deine Seele.

Kind Meines Herzens, komme ganz nahe. Komme her zu Mir. Komme in dein Inneres. Ich Bin dir nahe – Ja, Ich Bin gegenwärtig in dir.

Und nun denke mit Mir; Ich spreche zu dir:

Heilende Kräfte durchfluten deine Seele.

Heilende Kräfte bauen sich in deinem Körper auf.

Alle Zellen deines Leibes, alle Bausteine deines Körpers empfangen die heilige Kraft. Und so du in Mir bist und in Mir bleiben möchtest, wende die Kraft und Macht des Christus an. Ich will sie in deine Gedanken legen.

Und nun denke mit: „Ich bin gesund!"
Sprich dies in dein Inneres hinein:
„Ich bin gesund!"

Siehe, du bist das Gefäß der Liebe. Hole heraus, was gegensätzlich ist, und fülle dein Gefäß auf mit den Kräften der heilenden Liebe.

Befiehl: „Ich bin gesund." Laß keinen Zweifel zu.

Denke also mit:

„Meine Sinne reinigen sich. Alle Sinne sind durchglüht vom Feuer des heiligen und heilenden Geistes. Meine Augen sind klar. Mein Gehör-, Geruchs-, Geschmacks- und Tastsinn sind durchglüht vom Heiligen Geist. Der Geist Gottes schaut durch meine Augen. Er bewegt alle Sinne." Erhebe deine Lider und schaue! Höre nach innen – und du hörst auch nach außen. Alle Muskeln sind durchglüht von der Kraft

der Liebe. Geruchs-, Geschmacks- und Tastsinn sind erfüllt vom Heiligen Geist.

Ihr Organe, höret die Stimme des Heilers in euch: Ich Bin der Innere Arzt und Heiler. Ihr Zellen, ihr Organe, richtet euch auf Mich, den Christus Gottes, aus. Empfanget den Heilstrom durch die sich reinigende Seele.

Und du, o Mensch, befiehl deinem Körper: „Ich bin gesund. Alle Zellen, alle Organe, alle Bausteine sind durchglüht vom Heilstrom der Liebe." Und so du bettlägerig bist, befiehl deinem Körper: „Steh auf, und wandle", und nimm die rechte Geisteshaltung an. Die Macht der Liebe vermag alles, wenn der Mensch im aktiven Glauben bleibt.

Und so dein Körper in der Bewegung eingeschränkt ist, denke daran: Die Macht des Christus vermag alles, wenn du im aktiven Glauben bleibst. Und so befiehlst du mit Meiner Kraft deinem Körper: „Steh auf, und wandle!" Denn die rechte Geisteshaltung bewirkt eine aufrechte Gesinnung, einen aufrechten Körper, der im Geiste der Liebe wandelt.

Steh auf, und wandle! Nimm dein Bett, und gehe!

Befiehl den Zellen Gesundheit, Kraft und Liebe. Und so, wie du bereinigst, so wird dir gegeben; denn Ich Bin der Innere Arzt und Heiler – Ich heile deine Seele, und so, wie die Seele licht wird, reinigt sich dein Körper.

Mein Kind, spüre die Macht des Christus in dir! Abermals strömen die heilenden Ströme in die Seele. Bilder kommen. Erkenne dich. Bereinige dein Sündhaftes. Nimm dir fest vor, dies nicht mehr zu tun – und du erlebst Gesetzmäßigkeiten des Lebens. Baue dein Idealbild auf. Sieh dich im Idealbild gesund, aufrecht, geistig wandelnd. Sieh dich im Idealbild in positiven, gesetzmäßigen Gefühlen, Empfindungen, Gedanken, Worten und Handlungen. Siehe, wie du dich im Idealbild veränderst. Blicke in dein Antlitz, siehe, wie es leuchtet – es ist der Christus Gottes, der durch deine Seele glüht. Siehe dich, wie du mit deinem Nächsten in Freundschaft und Frieden lebst. Sieh dich selbst, dich selbst – und du erkennst, was es heißt, ein Idealbild vollkommenen Lebens, vollkommener Gesundheit zu erstellen, und du spürst, was es heißt, das Ebenbild Gottes zu sein.

Kind, werde zum Lamme! Ich weide Meine Schafe und führe sie zu den herrlichen Auen des Lebens. Und so sie Mir nachfolgen, werden sie die Lämmer, die Ebenbilder Gottes.

Atme. Atme. Und nun erfaßt dich wieder der Heilstrom der Seele. Die Zellen, die Organe glühen in der Kraft und Macht des Christus. Alle Bausteine sind durchatmet von der Feuerzunge des Heiligen Geistes. Laß keine Zweifel zu. Nimm Meine Kraft und befiehl deinem Körper: „Nimm dein Bett, und wandle! Steh auf, und gehe!" Hebe deine Augenlider – und sie sind klar und frisch, die, die durch dich blicken, die Strahlen des Christus.

Spüre. Atme. Atme – atme.
Höre nach innen, und du hörst auch nach außen.

Rieche, schmecke, taste und spüre die himmlische Strahlung, diesen feinen, leuchtenden Geist.

Rieche den Duft der himmlischen Blumen und Gräser. Schmecke die Früchte des Heils, und betaste das Feine und Edle – und du merkst, daß du wahrhaft das Ebenbild Gottes bist.

Mein Kind, abermals strömt der heilende Geist in deine Seele. Er durchglüht die Zellen. Wieder kommen Bilder. Bereinige. Und nun nimm die Macht und Kraft des Christus in dein Wort und in deine Gedanken auf, und befiehl deinem Körper: „Steh auf, und wandle! Nimm dein Bett, und gehe! Ich bin gesund. Ich bin kraftvoll." Gieße alles hinein in dein Gefäß, was göttlich durchglüht ist, und du wirst nach dieser heiligen Stunde von dannen gehen und ein anderer sein: ein Mensch, der seine Menschlichkeit tagtäglich bereinigt, der von innen her gestärkt ist. Und so mancher wird gehen, der von innen her gesundet ist.

Lasset keinen Zweifel zu. Ich Bin erhaben über alles Gegensätzliche. Nehmt also die Er-

habenheit des Christus Gottes an und auf, und ihr werdet keinen Zweifel zulassen, keine grüblerischen und negativen Gedanken. Ihr werdet immer wieder eurem Körper den Befehl geben: „Steh auf, und wandle. Nimm dein Bett, und gehe. Meine Sinne sind klar und somit ungetrübt. Ich sehe, ich höre, ich rieche, ich schmekke, ich taste nach den Gesetzen des Heils."

O Kind, Mein Wort ist Balsam: Und so du den Sinn Meiner Worte erfaßt, bist du wahrlich das Schaf, das Mir auf die Auen der Liebe folgt und zum Lamme wird.

Heilende Ströme wirken weiter in deiner Seele und in deinem Leib. Atme ruhig. Atme ganz ruhig – Ich heile weiter. Es heilt. Es heilt. Es heilt.

Spüre, wie deine Zellen, deine Organe, alle Bausteine deines Leibes atmen, wie dein Atem ruhig geht. Siehe, dein Gefäß ist gefüllt mit der heiligen Kraft. Laß nie mehr zu, daß Negatives einströmt. Hole alles, was noch an Negativem in deinem Gefäß ist, heraus, bereinige, und tue es nicht mehr. Dann bist du das Eben-

bild des Vaters, und dein Idealbild ist Gesundheit, inneres Glück, Harmonie, Frieden und innere Seligkeit.

Kind, es heilt. Es heilt.

Atme ruhig. Es heilt.

O erkennet, ihr Menschen aller Völker, Mein Wort erschallt durch Prophetenmund, doch die Macht des Christus, die Ich Bin, ist in euch, und ihr seid der Tempel dieser Macht; denn Ich wohne in euch. Und Mir ist in jedem von euch alle Macht und Kraft gegeben. Und so ihr im aktiven Glauben bleibt, werdet ihr auf den herrlichen Auen des Lebens wandeln und eins sein mit Mir – gesund, glücklich und froh. Ihr werdet wandeln in Meinem Geiste. Ja, es ist euch gegeben, denn ihr seid Kinder des Allerhöchsten.

Lebt in diesem Bewußtsein. Denkt immer wieder an die aufrichtige und aufrechte Geisteshaltung. Denkt daran, wenn negative Gedanken kommen sollten: ein klares Nein! Bereinigt. Grübelt nicht über all das Gegensätzliche nach. Bereinigt, und euer Körper richtet sich auf, eure Seele weitet sich, euer Herz ist erfüllt von der unendlichen Liebe eures, unseres ewigen Vaters.

Denkt daran: Die Gottesliebe ist die selbstlose Liebe; sie heilt. Werdet Schritt für Schritt zur Gottesliebe, zur selbstlosen Liebe, denn ihr seid Erben dieser unendlichen Liebe, und ihr seid glücklich, gesund, froh, frei – selige Wesen im Lichte des Ewigen.

Wenn nun Mein Wort durch Prophetenmund verhallt, sehet: Ich Bin die Macht des Christus in euch. Ich wirke weiter in jedem einzelnen von euch. Und so ihr euch immer wieder Mir hingebt, fühlt ihr, was es heißt, der Tempel des Heiligen Geistes zu sein.

O kommet alle, ja, kommet alle zu Mir her, die ihr noch mühselig und beladen seid – Ich will euch erquicken. Und die erquickt sind durch die Kraft des Christus, gehet hinaus und gebt Zeugnis von der großen Macht, Liebe und Herrlichkeit eures und Meines ewigen Vaters.

In diesem Bewußtsein segne Ich alle Menschen aller Völker, segne Ich alle Seelen in den Stätten der Reinigung. Der Friede strömt in die Stätten der Reinigung. Der Friede strömt auf diese Erde in alle aufrichtigen Herzen. Bewegt das Idealbild vollkommenen Lebens, vollkommener Gesundheit in euch, und ihr fühlt tagtäglich mehr die Kraft und Macht des Christus in euch.

Mein Friede strömt aus den Himmeln in alle willigen Herzen und Seelen. Mein Friede durchglüht alle Schöpfungsebenen, alle Tiere, Pflanzen und Mineralien, alle Naturreiche. O bleibt eins im großen Bewußtsein der Allschöpfung, und ihr lebt im Vater und in Mir, und ihr lebt in Frieden mit euren Nächsten.

Friede, unendlicher Friede allen Menschen, allen Seelen, den Naturreichen.

Friede, Friede – Christus in euch.

Friede.

Wer einzig nur auf die Schatten blickt, der findet das Licht nicht. Bereinigt mit Mir die Schatten, und ihr seid eins mit Mir

Offenbarung von Christus, 1993

Geliebte Brüder, geliebte Schwestern, ihr geht jetzt in die irdische Nacht. Wißt ihr, daß die Nacht der Schatten des Tages ist? Glaubt ihr, daß der zurückliegende Tag seinem Schatten, der Nacht, nacheilt? Der Tag hat alles gebracht, was die Sterne eingespiegelt haben. Er fragt nicht, was die Nacht bringt - er hat alles getan.

Blicken wir nun gemeinsam in den Tag. Der Himmel ist wolkenlos, die Sonne strahlt die Menschen an. Jeder Mensch hat seinen Schatten. Blickt der Mensch nur auf seinen Schatten und will diesen einholen, so wird er beständig bestrebt sein, etwas zu erreichen, das er nie zu fassen vermag, nämlich seinen Schatten.

So ist es mit dem menschlichen Ich. Viele Menschen suchen tagtäglich ihr Ich, und das meist in der Vergangenheit. Sie holen es herbei und beleuchten es und können damit doch nichts mehr beginnen. Sie können höchstens darauf aufbauen, ihr menschlich Ich verstärken. Dann ist es ähnlich, wie wenn der Abend kommt und die Schatten länger werden. Der Mensch verlängert dann seinen Schatten, weil er auf sein Ich aufbaut, es also vergrößert. Kommt für den Menschen die Nacht, tritt die Seele aus dem Körper, dann holt der Schatten die Seele ein. Dann wird die Seele dort sein, wo ihre Schatten sind. Sie lebt mitten in ihrem Schatten oder in ihren Schatten, die oftmals von der Ordnung bis zum Ernst reichen.

Wohl jenen, die wachsam sind und nicht nur auf ihre Schatten blicken, sondern ihr menschlich Ich tagtäglich bereinigen, so daß die Schatten immer kürzer werden und sich ganz allmählich auflösen. Dann hat der Schatten des Körpers keine Bedeutung mehr. Die Seele ist licht und schattenlos und geht ein ins Licht.

Ihr geht jetzt in die Nacht. Stellt euch die Frage: Habt ihr den zurückliegenden Tag genützt? Habt ihr das bereinigt, was ihr an Menschlichem erkannt habt? Dann wird die Seele immer lichter, und ihr wißt dann, wenn euer Körper schläft, wohin die Seele geht. Geht sie in das Licht, oder holt der Schatten die Seele ein, geht diese also in ihre Schatten?

O erkennet dieses Bild – Tag für Tag, wenn ihr euren Körperschatten seht, stellt euch immer die Frage: Ist die Seele schattenlos? Oder verlängert ihr die Schatten? Wer einzig nur auf den Schatten oder die Schatten blickt, der findet das Licht nicht, weil er nur nach außen blickt und nur auf das menschliche Ich blickt. Und jeder Blick, ja jeder Augenblick, hat seine Gedanken, und diese Gedanken vergrößern die Schatten.

So gehet hin im Bewußtsein, daß Ich, das Licht, mit euch Bin, daß Ich, das Licht, in jedem von euch wohne. Bereinigt mit Mir die Schatten, und ihr seid eins mit Mir. Das ist der Wille des Vaters in Mir, damit ihr eins werdet mit Mir, eurem Bruder und Erlöser, auf daß Friede werde im kleinen Volk und das Volk sich vergrößert im Bewußtsein der unendlichen Liebe und des ewigen Friedens.

Gehet hin. Der Geist des Herrn ist mit euch. Er geleitet euch in die Nacht. Er führt eure Seelen in das Licht. Ihr wißt, wo ihr steht. Ich muß es euch nicht sagen. Ihr habt viel geistiges Wissen und könnt euch täglich prüfen, auch jetzt, wenn ihr in die Nacht geht.

Ich Bin das Licht. Ich geleite euch. Ich Bin der ewige Tag. Kommet zu Mir. Kommet in den ewigen Tag, und ihr werdet Frieden halten, weil ihr friedlich geworden seid.

Meine Frieden brachte Ich euch. Und Meinen Frieden lasse Ich euch. Gehet hin. Das Licht ist mit euch. Ich Bin das Licht und der Friede.

Friede.

Ich strahle euch Mein Licht zu, auf daß ihr euch zum Lichte hin verändert

Offenbarung von Christus, 1993

Ich Bin der Herrscher des ewigen Reiches.

Ich erhebe Meine Stimme durch Menschenmund, denn Ich, der Herrscher des ewigen Reiches, spreche nicht die Sprache der Menschen. Deshalb nahm Ich Mir ein irdisches Instrument, einen Menschen, durch diesen Ich Mein Wort erhebe zu den Menschen dieser Welt.

Höret die Stimme der Ewigkeit! Ich Bin Christus, der einst in Jesus über diese Erde ging. Ich Bin auferstanden und aufgefahren in den Himmel und sitze zur Rechten des Vaters. Sein Geist und Mein Geist sind e i n Geist, der Geist der Liebe und Wahrheit, der in dieser Welt spricht zu den Menschen dieser Welt.

Erkennet und erfasset: Das Leben im Geiste der Liebe ist Freiheit. Das ewige Reich – es sagt schon euer Wort „ewig" – bleibt ewig bestehen, weil das Reich des Ewigen die Gesetze der Liebe, des Friedens, der Einheit, der Gleichheit und Brüderlichkeit sind.

Höret die Stimme aus dem ewigen Reich, und erfasset Mein Wort in euren Herzen. Denn Mein Wort kann Balsam sein für jene, die sich mehr und mehr den Inneren Gesetzen zuwenden, den Gesetzen der Liebe, des Friedens, der Freiheit, der Einheit und Brüderlichkeit.

Meine Worte können jedoch zum Schwert werden für jene, die sich einzig der materialistischen Welt, dem menschlichen Ich, der Gier und der Macht, verschrieben haben. So wird jeder aus Meinen Worten das heraushören, was für ihn gesprochen ist.

Durch Meine Erlösertat habe Ich alle Seelen und Menschen an Kindes Statt angenommen. Deshalb spreche Ich auch zu euch als „Meine

Kinder" oder als „Meine Brüder und Schwestern", denn im ewigen Sein – dann, wenn eure Seelen wieder das ewige Gesetz der Liebe sind – sind wir Geschwister, Brüder und Schwestern.

Ihr steht in einer mächtigen Zeitenwende. Das materialistische Leben neigt sich dem Ende zu. Das geistige Zeitalter, das Zeitalter des Friedens und der Liebe, erwacht mehr und mehr. Die Zeichen sind gesetzt, und wer wachen Sinnes ist, der kann die Umbruchszeit erkennen.

Seit Menschen bestehen, verändern sich immer wieder die Völker. Es wuchsen Hochkulturen, die in sich die innere Geistigkeit hatten. Dann erwachten Herrscher, die die äußere Macht pflegten, die Reichtümer sammelten, die Untergebene hatten, die Sklaven hielten, die Kriege führten und vieles mehr. Mit der Zeit zerfiel dann die geistige Hochkultur, ja das gesamte Volk zerfiel, und es entstand ein anderes Volk, das wieder auf die ehemalige Kultur zurückblickte, jedoch sie nicht mehr hatte.

In allen Völkern, seit es Menschen gibt, geschieht Gleiches und Ähnliches. Die Machthaber der Völker dominierten, führten Kriege, zogen Macht, Ansehen und Reichtum an sich – und wiesen somit auf, daß sie schon am Zerfallen sind.

O erkennet: Wer Kriege führt, zeigt auf, daß sein Volk schon zerfällt. Von unten her zersetzt sich das Volk durch Armut, Leid, Hunger, Not, Krankheit und Siechtum. Alle Völker, die Kriege befürworten, die Kriege führen, zersetzen sich von unten her.

Die Reichen, die Machthaber werden über Inkarnationen hinweg immer ärmer, fallen zurück in die sogenannten Armenviertel des Volkes. Dort leben sie in Armut, ähnlich wie jene, die unter ihrer Herrschaft in der Armut gelebt haben. Dieser Abstieg erfolgt ganz allmählich, von Einverleibung zu Einverleibung. Die Reichen, die ihren Reichtum hielten, damit Macht und Ansehen gewannen, werden in der nächsten Einverleibung in den soge-

nannten Mittelstand zurückgeführt werden. Dort haben sie wieder die Möglichkeit, Barmherzigkeit zu üben und das wiedergutzumachen, was sie als Reiche, als Machthaber, verursacht haben. Üben sie nicht die Barmherzigkeit, bereinigen sie nicht, was sie sich auferlegt haben, dann fallen sie von Einverleibung zu Einverleibung tiefer. Sie fallen in Armut und in das sogenannte Elend, in ihre eigene Dunkelheit, in die Schmach der Sünde.

Wieder andere steigen empor, die etwas mehr Licht in sich tragen. Ihnen wird die Möglichkeit gegeben, das Gesetz der Unendlichkeit, der Freiheit, der inneren Liebe, anzuwenden. Ihnen wird die Möglichkeit gegeben, Gleichheit zu schaffen, Freiheit zu bringen, Einheit und Brüderlichkeit in das Volk, ja, in die ganze Welt zu tragen. Erfüllen sie das hohe Absolute Gesetz nicht, dann beginnt wieder der Abstieg.

So verändern sich die Völker, ja, gleichzeitig beginnen sie sich auch zu mischen. Es werden immer wieder Menschen gleicher Gesinnung zusammengeführt, Menschen, die miteinander einiges gutzumachen haben, die sich gegenseitig vergeben sollen und das Erkannte nicht mehr tun. Das wird ihnen gegeben. Ob sie es erfüllen oder nicht, das bleibt ihnen überlassen, da alle Menschen, alle Seelen, ja, alle Wesen der Unendlichkeit den freien Willen in sich tragen.

Der Mensch kann sündigen – doch für seine Sünde muß er tragen. Der Mensch kann sich dem Inneren Gesetz der Liebe, des Lichtes zuwenden und hinentwickeln. Dann wird er gesund sein, Freiheit in sich tragen, die Liebe des Alls ausströmen und Frieden halten.

O erkennet und blicket in eure Welt: Sehet, die Völker mischen sich. Das bedeutet, daß gleichgesinnte Menschen zusammengeführt werden – ja, daß sich wieder ganze Völker zusammenfinden und sich von unten her wieder aufbauen.

O erkennet: Dieser Aufbau erfolgt in der Umbruchszeit nur noch bis zu einem bestimmten Maß. Dann ist alles vorbei, was sich an Dunklem aufbauen möchte. Denn der Mensch hat, seit Menschen bestehen, die Erde malträtiert, der Mutter Erde das Leben genommen – die Existenz, um die Kinder der Erde zu ernähren.

Blicket in eure Völker. Was jetzt geschieht, geschah in den zurückliegenden Zeitepochen immer wieder: Wer das Hab und Gut seines Bruders zerstört, der zerstört sein eigenes Hab und Gut. Wer seinen Nächsten tötet, der wird selbst getötet werden. Wer das Land seines Nächsten zerbombt, dessen Land wird selbst zerstört werden. Wer also keine Barmherzigkeit übt, der wird auch keine Barmherzigkeit erlangen. Wer jedoch Barmherzigkeit übt, der ist ein gutes Vorbild für den, der noch nicht in der Barmherzigkeit lebt. Wer Barmherzigkeit übt, der wird auch Barmherzigkeit erlangen. Wer Barmherzigkeit nicht übt, der wird das erlangen, was er gesät hat. Dann setzt das Gesetz ein: Aug' um Aug', Zahn um Zahn.

Meine Kinder, blickt also in die Völker. Die Völker mischen sich. Die Welle der Abtragung und der Bereinigung ist in vollem Gange. Wer das erkennt und es so hält, der ist ein weiser

Mann, der auf den Felsen Christi, auf Mich, baut. Wer es nicht hält, der ist ein unkluger Mann – er baut auf Sand und wird zerrinnen.

Seid wachsam! Blicket in die Völker. Wer Kriege führt, wer Kriege befürwortet, wer sich an Kriegen beteiligt, ja wer einzig „ja" zum Krieg sagt, sagt „ja" zum Töten und „ja" zur eigenen Zerstörung. Er zerstört seinen eigenen Körper und trägt mit dazu bei, daß auch sein Land zerstört wird.

Erkennet und blicket weiter in die Völker. Denkt auch über euch nach. Wie empfindet, denkt, sprecht und handelt ihr? Seid auch ihr an diesem weltweiten Chaos der Zerstörung und Verwüstung der Erde beteiligt, ja, am Auslöschen aller Völker? Denkt weise über euch nach – und blickt zugleich in diese Welt.

Der Wohlstand hat die Technik. Was ist durch die Technik alles entstanden? Einige Seiten der Technik können gut sein, wenn sie die Vermittlung von Mensch zu Mensch herstellen. Die andere Seite ist: Die Zerstörung der Völker zerstört den Planeten Erde, so weit, wie er sich zerstören läßt, indem er den Menschen nicht mehr das gibt, wofür er vorgesehen war vom Schöpfer des Alls.

Der mächtige Erdplanet ist zum Feind der Menschen geworden. So sprach der Ewige – und so ist es. Die Völker, die sich mischen, können nur noch zum Teil aufgebaut werden, doch gesunden können sie auf dieser Erde nicht mehr. Das ist vorbei! Der Erdplanet schüttelt alles Gegensätzliche von sich. Die Meere dekken es zu, so daß die Umwandlung vollzogen werden kann, so daß eine neue, eine gereinigte Erde entsteht – und mit ihr im Gleichklang der Kräfte ein neuer Himmel. Denn das, was sich auf der Erde vollzieht, registriert der materielle Kosmos und registrieren die Reinigungsebenen. Das Auf und Nieder der Menschen ist alles registriert. Jeder Krieg ist registriert. Jede Bewegung eures Gemütes, jede Empfindung, jeder Gedanke, jedes Wort und jede Handlung ist registriert. Und so, wie ihr euch bewegt und denkt, vollzieht es sich im materiellen Kosmos, in den Stätten der Reini-

gung – oder im reinen Sein, dann, wenn eure Empfindungen, Gedanken, Worte und Handlungen edel, also göttlich, sind.

O erkennet und erfasset: Was die Menschheit der Erde angetan hat, ist registriert. Und so wird sich eine mächtige Veränderung einstellen, auf der Erde, im materiellen Kosmos, in den Gestirnen und in den Stätten der Reinigung. Wie ihr gehört habt: Die Erde schüttelt alles Negative ab. Die Meere decken es zu, und alles wird umgewandelt werden in Licht und Kraft.

Aus dem Chaos dieser Welt entsteht wieder ein Volk. Es ist nicht das Volk der bisherigen Völker. Es ist das Volk aus den ewigen Himmeln, das Gottesvolk. Seelen werden sich einverleiben, die höhere Reinheitsgrade aufweisen, und das Volk der neuen Erde wird das Gottesvolk sein – Mein Volk, das den Willen des Ewigen erfüllt, das die Gesetze des Alls hält.

Meine Kinder, gedenket dieser wichtigen Stunde. Was Ich euch offenbart habe, erfaßt in euren Herzen! Ja, schaut in die Worte hinein. Sie werden euch noch viel mehr sagen; denn Ich Bin der Inhalt des Wortes. Wer sich bemüht, den Sinn Meiner Worte zu erfassen, der erfaßt Mich und schaut weltweit, was geschehen wird.

Die Reinigungsebenen nehmen immer mehr die belasteten Seelen auf – wohlgemerkt: die belasteten Seelen. Ich sage euch: In den Stätten der Reinigung bedeutet es, abzutragen. Die Erde birgt das Leben der Kinder im Erdenkleid. Sie ist eine Bewährungs- und Abtragungsstätte, das heißt, auf der Erde können die einverleibten Seelen, die Menschen, das, was sie sich auferlegt haben, wiedergutmachen, bevor die Abtragung beginnt. In den Stätten der Reinigung können die Seelen nur noch abtragen. Erkennet den Unterschied! Deshalb ist die Erde auch die Gnadenstätte der Liebe und Güte des Ewigen. Auf der Erde empfangen die Menschen Gnade über Gnade, auf daß sie rechtzeitig ihre Fehler, ja ihre Sünden erkennen, bereuen und bereinigen, um sie nicht mehr zu tun. Dieser Weg ist der Weg über die Erde. In den Stätten der Reinigung heißt es: durch Schmerz erkennen und bereuen und bereinigen.

Meine Kinder, erkennet und erspüret und erfasset gleichzeitig, weshalb Ich Mich, der Herrscher in Gott, eurem und Meinem Vater, immer wieder melde, durch Menschenmund zu euch spreche, auf daß ihr die Gnade des Ewigen erkennt, auf daß ihr durch das Zuströmen der Gnade rechtzeitig eure Fehler, ja eure Sünden, erkennt, diese von Herzen bereut, wiedergutmacht und sie nicht mehr begeht.

Ihr nennt Mein Wort auch „Christusstrahlung". Ja, Ich stehe als Herrscher der Unendlichkeit in eurer Atmosphäre, die sich ganz allmählich verändert. Ich strahle euch Mein Licht und Meine Kraft zu, auf daß auch ihr euch zum Lichte hin verändert.

Ich Bin die Kraft, das Licht, das Heil und die Heilung eurer Seelen und Körper. Wer sich also dem Inneren Licht hingibt, der kann emp-

fangen, denn das Reich Gottes, aus dem Ich spreche, ist inwendig in euch. In jedem von euch ist der allgegenwärtige Geist des Inneren Reiches, der auch das Reich der Liebe selbst ist. Tief in euren Seelen ist der Geist der Wahrheit, ist die Essenz des Inneren Reiches. Dorthin sollt ihr euch wenden – von dort empfanget ihr die Liebe, die Kraft, das Heil und die Heilung für Seele und für den Leib, so es gut ist für die Seele.

Meine Kinder, von innen her strahle Ich euch Meine Liebe zu. Denn jetzt, in dieser Umbruchszeit, heißt es: Mensch, kehre um! Jeder einzelne möge umkehren – denn ganze Völker haben es schwer, umzukehren. Die Ursachen sind so vielfältig und so mannigfach, daß die Erde den Völkern zuvorkommt. Jetzt gilt es für jeden einzelnen, die Umkehr anzustreben.

Deshalb rufe Ich in diese Welt: Menschenkind, kehre um! Du! Du! Ich rufe in deine Seele, in deinen Menschen hinein: Kehre um! Es ist höchste Zeit. Dir ist die Kraft gegeben. Ganze Völker können kaum mehr umkehren, denn die Erde kommt ihnen zuvor. Kehre d u um! Erkenne dich im Lichte der Wahrheit. Bereinige, was du an Menschlichem erkannt hast. Tue Buße. Bereue. Bitte um Vergebung. Vergib. Mache es wieder gut, und sündige nicht mehr. Das ist der Weg der Reinigung der Seele und der Aufstieg in lichte Sphären.

Mein Kind, Ich strahle dir Meine Liebe und Meine Kraft zu. Ich hebe das Bewußtsein Meiner Menschenkinder an.

Ich strahle in euer geistiges Bewußtsein ein, tief in eure Seele. Ich hebe euer Bewußtsein an. Es strahlt in die Partikel eurer Seele ein, wo sich Licht und Schatten befinden.

Ich bewege nun eure Schatten, das Sündhafte. Aus eurer Seele steigen Impulse in euer Oberbewußtsein. Euch wird nun offenbar, was an Sündhaftem zugrunde liegt.

Ich gebe euch weitere Kraft, auf daß ihr eure Empfindungen und Gedanken, euch selbst, erkennen könnt – das, was aus der Seele hochstrahlt. Erkenne dich, o Mensch, in deinen Empfindungen und Gedanken.

Was du nun an Menschlichem, an Sündhaftem, erkannt hast – willst du es von Herzen bereuen und nicht mehr tun? Dann gehe den Weg der Bitte um Vergebung, der Vergebung und der Wiedergutmachung, und tue es nicht mehr.

Abermals strahle Ich in eure Seelen ein. Wiederum hebe Ich euer geistiges Bewußtsein an.

Ich berühre eure Schattenseiten. Impulse steigen in das Oberbewußtsein des Menschen. Erfaßt nun die Impulse als Empfindungen oder Gedanken. Erkennet euch darin. Wollt ihr wahrlich diese Sünden nicht mehr tun, dann gehet den Weg, den Ich euch aufgezeigt habe, den Weg der Herzensreue, der Bitte um Vergebung, der Vergebung, der Wiedergutmachung. Und so ihr es von Herzen vollzogen habt und ihr Gleiches und Ähnliches nicht mehr tut, habt ihr von Mir Licht und Kraft empfangen, denn das Gegensätzliche, das ihr mit Meiner Kraft behoben habt, hat sich in Licht und Heil verwandelt.

Hast du Sorgen, Mein Kind? Bist du krank und betrübt? Denke daran: Die Sorgen, die Krankheiten, die Kümmernisse hast du dir selbst auferlegt – wenn nicht in diesem irdischen Leben, dann in Vorinkarnationen. Jetzt bist du wieder einverleibt. Jetzt wird dir durch die Gnade des Ewigen die Möglichkeit gegeben, deine Sünden rechtzeitig zu erkennen. Hast du sie nicht rechtzeitig erkannt, dann wirst du unter deinen eigenen Sünden leiden – in der Sorge, in der Not, in den Kümmernissen und in der Krankheit. Doch wisse: Auch in den Ausgeburten der Sünden Bin Ich, das Licht und die Kraft, der Helfer und der Heiler, der Geist deiner Seele, Christus.

Ich strahle nun in deine Sorgen, in deine Trübsale, Kümmernisse und Krankheit hinein.

Kind, in dir erwachen nun Empfindungen und Gedanken. Prüfe: Was wollen sie dir sagen? Einige unter euch erkennen nun Teilaspekte der Ursachen, die zur Krankheit, zur Sorge, zum Leid und Trübsal geführt haben. Seid ihr bereit, das Erkannte nicht mehr zu tun? Dann gehet den Weg, den Ich euch beschrieben habe – der Herzensreue, der Bitte um Vergebung, der Vergebung und der Wiedergutmachung, so dies notwendig ist. Und dann tuet das, was ihr an Sündhaftem erkannt habt, nicht mehr – und es wird in eurer Seele heller werden. Euer Körper empfängt mehr Energie.

Ich strahle dann auch verstärkt in euren Leib ein. Die Krankheit wird zurückgehen, sich in Gesundheit verwandeln, wenn es gut ist für eure Seele. Die Sorgen nehmen ab – Hoffnung tritt an ihre Stelle. Trübsal und Traurigkeit gehen zurück – Freude tritt an ihre Stelle.

O erkennet: Auf diese Weise empfanget ihr Licht, Kraft, Heil und Heilung. Doch alles vollzieht sich von innen nach außen. Wenn ihr auch im Äußeren noch so viel für euren Körper zu tun gedenkt und tut, so ist dies alles nur eine Maske, ein Schein. Denn alles, was sich im Äußeren zeigt, wurde im Inneren geschaffen: Licht oder Finsternis, Gesundheit oder Krankheit, Freiheit oder Enge, Sorgen oder Glück.

Meine Kinder, Ich strahle euch Mein Licht zu.

Abermals hebe Ich euer Bewußtsein an. Abermals kommen Empfindungen und Gedanken. Was wollt ihr damit tun? Wollt ihr euer Menschliches, eure Sünde, behalten, dann werdet ihr unter der Sünde leiden. Wollt ihr euer Menschliches, die Sünde, bereuen und nicht mehr tun – dann werdet ihr gesunden, im Frieden leben und den Frieden zu euren Nächsten tragen.

Durch das Gesetz der Freiheit liegt es an euch, wie ihr euch verhaltet. Entweder ihr verwandelt euch im Lichte der Wahrheit, werdet gütig, sanftmütig und barmherzig, dann friedvoll und liebevoll – und ihr werdet Gesundheit, Glück, Frieden, Freude, Gleichheit, Freiheit, Einheit und Brüderlichkeit ernten. Oder ihr bleibt in der Sünde und sündigt weiter – dann werdet ihr Krankheit, Not, Sorge, Elend ernten und mit dazu beitragen, daß noch mehr zerstört wird, als schon zerstört ist auf dieser Erde. Dann gilt es, in den Stätten der Reinigung abzutragen.

Erkennet euch in Meinem Lichte. Wollt ihr euch weiterhin erkennen, um euer Sündhaftes zu bereinigen – dann betet aus dem Herzen, auf daß euch das Licht der Erkenntnis gegeben wird. Nützet die Tage und Stunden, denn auch der Tag ist Wegweiser für jeden einzelnen von euch.

So ist euch von innen her und auch über den Tag Hilfe um Hilfe gegeben. Ihr seid nicht allein. Ihr seid nicht einsam. Es kommt einzig auf eure Einstellung an. Glaubt ihr an Einsamkeit, dann wendet ihr euch von der Einheit und vom Göttlichen ab – und ihr seid einsam, auch dann, wenn Ich, der Christus-Gottes-Geist, an eure Pforte poche. Ihr vernehmt Mich nicht, weil eure Sinne nach außen gekehrt sind, die Gedanken die Einsamkeit bewegen.

Höret die Stimme des Herzens! Sie ruft euch, jeden einzelnen: Kehret um! Noch ist es Zeit! Noch seid ihr Menschen. Kehret um! Ihr lebt auf der Bewährungs- und Abtragungsstätte Erde – kehret um! Bewährt euch!

Wenn euer irdischer Leib der Erde gegeben ist, wird die Seele in der Abtragung leben. Erkennet dies! Dann werdet ihr in den Schmerzen, in dem Leid, das ihr euren Nächsten zugefügt habt, euch finden müssen. Erkennet es rechtzeitig, und nützt die hohe Gnade: Die Völker mischen sich. Ihr begegnet vielen Menschen. Ihr sehet sogar in euren sogenannten Fernsehgeräten Menschen. Prüft, was ihr denkt! Auch hiermit ist euch die Möglichkeit gegeben, euer Empfinden, Denken, Reden und Handeln zu überprüfen. Erkennt die große Gnade! In allem Gegensätzlichen, auch in eurer Technik, ist das Positive. Ihr hört Menschen über eure technischen Geräte. Was denkt ihr? Sehet: Auch auf diese Weise spürt ihr die Gnade des Allmächtigen. Gott hilft euch auf mannigfache Art und Weise, damit ihr auf der Bewährungs- und Abtragungsstätte Erde eure Ursachen rechtzeitig erkennt, sie bereinigt und nicht mehr tut.

Und so ihr in Sorge, Not, Krankheit und Siechtum lebt – erkennt, daß es die Ausgeburten der Sünde sind. Doch auch in der Ausgeburt der Sünde liegt die Gnade. Erkennt euch in der Ausgeburt, in der Sorge, in der Not, im Leid, in der Krankheit, in der scheinbaren Hoffnungslosigkeit.

Kinder – ihr seid Kinder der Liebe, und die Liebe strahlt in eure Seelen ein! Erkennt euch! In dieser mächtigen Umbruchszeit ist euch auf mannigfache Art und Weise die Erkenntnis gegeben, auf daß ihr rechtzeitig umkehrt, bevor das Schicksal seinen Lauf nimmt.

Prüfet euch! Euch ist der Tag gegeben, der euch wegweisend ist. Ich, Christus, das Gesetz der Liebe, wohne in euch. Ich Bin euer Erlöser, Führer und Wegbereiter in das Innere Reich, in das ewige Reich, aus diesem Ich spreche. Ihr seid Kinder der Ewigkeit. Euer geistiger Leib, Seele genannt, ist unsterblich. Denkt dar-

an. Im Erdenkleid gilt es, euch zu bewähren, indem ihr rechtzeitig eure Fehler, eure Sünden, erkennt, sie bereinigt und nicht mehr tut. Euch stehen Hilfen über Hilfen zur Verfügung.

Auch Schutzwesen stehen an eurer Seite – ihr nennt sie auch Schutzengel. Es sind eure unsichtbaren Begleiter. Dann, wenn ihr im Oberbewußtsein, in euren Gedanken, nur einen Hauch von Umkehr zeigt, hin zum Licht, beginnen die Schutzwesen zu wirken. Über Telepathie strahlen sie euch das Gesetz der Liebe ein, helfen euch, den Ansatz der Umkehr zu bewerkstelligen, ihn zu verstärken, auf daß ihr wahrlich reinen Herzens werdet. Denn nur reine Wesen können in das ewige Reich zurück, aus diesem Ich spreche.

O Kinder dieser Welt: Spüret, daß ihr geliebt seid von Dem, Der euer ewiger Vater ist. Spüret, daß ihr aufgenommen seid in Meine erlösende Liebe und Barmherzigkeit. Doch ihr besitzt den freien Willen, euch Mir zuzuwenden oder der Sünde. Denkt daran: In Mir, dem

Christus, ist Hoffnung, ist Heil und Heilung. Ich Bin das Licht der Seele, und so ihr mehr und mehr Gedanken des Lichtes pflegt, selbstlose Gedanken, so werden auch eure Werke selbstlos sein, und ihr werdet an Licht und Kraft zunehmen. Nach dem Leibestode wird dann die Seele in lichtere Regionen zurückkehren und wird nicht mehr zur Einverleibung gehen – außer, sie geht in das Volk Gottes zurück, wo die Gesetze der Liebe gelebt werden, auf eine gereinigte, gesunde Erde.

Ich Bin zu euch als der Herrscher des ewigen Reiches gekommen. Ich gehe zurück als Herrscher des ewigen Reiches in das ewige Reich – doch Mein Geist bleibt in euch. Es ist der Erlösergeist, der Christus-Gottes-Geist, der Beweger eures Lebens, der Helfer und der Heiler.

Kommet zu Mir. Kehret in euer Inneres ein. Erfüllet mehr und mehr die Gebote des Lebens. Denkt öfter über die Zehn Gebote nach, erfüllt sie – und ihr wachst in die ewigen Gesetze hinein, in das Reich des Friedens.

So i s t euch alles gegeben. Jetzt bestimmt ihr selbst: Wollt ihr licht werden, oder im Schatten der Sünde verbleiben?

Ich gebe euch Meine Kraft, auf daß ihr zum Licht werdet. Denn das Licht ist Leben. Das Licht ist Liebe. Das Licht ist das Gesetz der Gleichheit, Freiheit, Einheit und Brüderlichkeit. Wer dies Gesetz hält, ist ein Bewohner des ewigen Reiches, schon auf dieser Erde.

Wahrlich, Ich sage euch: Das materialistische Leben geht zu Ende. Das ewige Leben, das selbstlose Leben der Liebe, steigt empor. Wo werdet ihr stehen? Das bestimmt jeder einzelne von euch, denn jeder hat den freien Willen, sich frei zu entscheiden: für oder gegen das Licht.

Ich Bin der Friede, die Barmherzigkeit und Güte. Ich strahle euch Meinen Frieden, Meine Barmherzigkeit und Güte zu, auf daß ihr friedvoll werdet.

Friede

Werdet wie die kleinen Kinder – sie sprechen die Sprache der Himmel. In ihren Worten ist kein Arg

Offenbarung von Christus, 1996

Ich Bin der Ich Bin, Jesus, der Christus, der Sohn des ewigen Vaters. Der ewige Vater ist größer denn Ich, doch Wir sind ein Geist, die Liebe der Himmel, die Weisheit und Güte, der Heilige Geist, der die Stimme des Herzens ist, die Stimme in den Naturreichen, die Stimme der Himmel.

Als Jesus von Nazareth wandelte Ich auf dieser Erde. In Meinem Herzen sprach die Stimme des ewigen Vaters, die Stimme der Liebe, des Friedens und der Güte. Mit Meinen Worten sprach Ich Sein heiliges Wort aus und übermittelte es den Menschen der damaligen Zeit. Ich kehrte zurück zum ewigen Vater und Bin der Mitregent der Himmel.

Meine Sprache ist die Sprache der Himmel. Weil die Mehrzahl der Menschen und Seelen die Sprache der Himmel nicht verstehen, nahm Ich Mir einen Menschen, den Ich vorbereitete und der die Sprache der Himmel versteht und in seiner Muttersprache den Menschen wiedergibt. So höret ihr die Stimme des Herzens, die Stimme der Himmel, durch Prophetenmund.

Alle Menschen in allen Völkern dieser Erde rufe Ich auf, Tempel Gottes bewußt zu werden – Tempel, in denen der Heilige Geist vernehmbar ist, der Geist der Liebe, der Wahrheit und der Größe. Solange Menschen sich auf Menschen ausrichten, solange den Menschen das Äußere von Bedeutung ist, werden sie nicht Einkehr halten, um die innere Stimme, die Stimme des Herzens, die Stimme des Ur-Seins, vernehmen zu wollen.

O erkennet, ihr Menschen in allen Völkern dieser Erde, höret, ihr Seelen in den Stätten der Reinigung: Als Ich als Jesus von Nazareth auf dieser Erde wandelte, ruhte Ich Mich eines Tages im Schatten eines Baumes aus, denn die Wanderungen von Ort zu Ort ermüdeten.

In der Ferne spielten Kinder. Sie sahen Erwachsene und kamen auf die Erwachsenen zu, auf Meine Apostel und auf Mich. Meine Apostel wollten die Kinder fernhalten, doch Ich sprach: Lasset die Kleinen zu Mir kommen und wehret es ihnen nicht, denn sie sprechen die Sprache der Himmel.

Die Kinder kamen auf Mich zu. Unbefangen stellten sie Mir Fragen. Unbefangen plauderten wir miteinander. Sie sprachen unbefangen das Wort der damaligen Zeit, und Ich gab ihnen Mein Wort. Und der Austausch der Worte war der Austausch der Sprache der Himmel. In ihren Worten war kein Arg. Sie sprachen, was sie fühlten, und Ich redete mit ihnen so, wie Mein Herz zu Mir sprach, die Stimme des Herzens.

Als die Kinder wieder von Mir gingen, sprachen die Apostel: Warum sprachen die Kinder die Stimme des Herzens, die Stimme der Himmel? Sprechen wir nicht auch die Sprache der Himmel? Sprechen wir nicht auch das, was uns die Stimme des Herzens vermittelt? – Und Ich mußte sie traurig anblicken und sagte: Noch nicht, Meine Brüder. In euren Worten ist noch so manches uneins.

O sehet, die Kleinen blicken zu den Eltern empor, lesen von ihrem Munde ab, was diese sagen, nehmen die Worte auf und sprechen die Worte nach und sind des festen Gefühls, sie sind wahr und echt; in ihnen ist kein Arg. Die Kleinen wachsen heran und kommen mehr und mehr mit der Umwelt in Berührung und müssen ganz allmählich erkennen, daß sie dies und jenes nicht mehr sagen dürfen. Der Mutter, dem Vater, den Anverwandten, den Freunden sind diese Worte arg. Sie wollen andere Worte hören. Doch die Kinder glauben immer und immer wieder: Es ist mein Wort, es ist mein Empfinden. So, wie ich es empfinde, so, wie ich fühle, spreche ich doch zu dir, Mutter, spreche ich doch zu dir, Vater, spreche ich zu meinen Freunden.

Ganz allmählich erkennen sie, daß sie ein anderes Verhalten zeigen müssen. D a s dürfen sie nicht mehr sagen. S o müssen sie sich verhalten. Über dieses Wort wird gerichtet. Über jenes Verhalten wird gescholten.

Die Kinder ziehen sich zurück, und so bilden sich Gedanken und Empfindungen. Die Gedanken sprechen plötzlich eine andere Sprache. Sie sagen: So muß ich mich verhalten. Dies darf ich nicht mehr sagen. – Und es entstehen immer mehr Bilder. Diese Bilder nehmen die Kinder in ihre Empfindungswelt auf. Das Gefühl, das einst feine Gefühl aus dem Urgrund der Seele, wird immer gröber.

Das heranwachsende Kind ist schon von der Umwelt geprägt. Es spricht anders, als es denkt. Es empfindet wieder anders, als es spricht und denkt. Und das Gefühl ist kaum mehr wahrnehmbar, denn die Außenwelt hat das heranwachsende Kind erfaßt. Es reift heran und nennt sich erwachsen. Wie verhält sich der Erwachsene? Er fühlt gröber. Er empfindet härter, denn die Empfindungsbilder sind entsprechend der Umwelt aufgebaut. Der Gedanke ist unlauter, das Wort variabel – einmal so und einmal so. Die Handlung entspricht vielfach nicht dem Wort, oftmals nicht dem Gedanken, eventuell einigen Bausteinen der Bilder. Die Gefühlsebene ist gröber geworden. Der

Mensch hat Kommunikation zu seinen ehemaligen Eingaben in der Seele und auch in den Gestirnen, in den Speichersternen des materiellen Kosmos und der Reinigungsebenen.

Das kleine Kind spricht ohne Arg. Die Umwelt hat es geformt. Die Form, die es annahm, beginnt schon im Kindheitsalter, mit den Eingaben in der Seele und in den Gestirnen zu kommunizieren. Somit hat es der Mensch um vieles schwerer, die feinsten Regungen der Seele wahrzunehmen, die feinen Impulse aus dem Urgrund der Seele, die Stimme des Herzens. Der Mensch ist verblendet von Vorstellung und Meinung und glaubt, sein Intellekt ist maßgebend für jegliche Entscheidung.

O erkennet: Auf diese Weise entstand ein Flußbett. Ihr könnt dieses Flußbett auch Kanal nennen. In diesem Kanal, in diesem Flußbett, befinden sich die groben Empfindungen, die harten Gedanken, das unlautere Wort und die ichbezogenen Handlungen. Die Gefühlsebene entspricht den sündhaften Impulsen aus der Seele. Die Empfindungen regen mehr und mehr das Nervensystem an. Die Gedanken wirken auf die Zellverbände ein. Die Worte sind variabel, je nachdem, wie sich der Mensch diese zurechtlegt, und die Handlungen entsprechen wieder den Eingaben im Flußbett.

So erlebt jeder Mensch, was er letztlich in seine Seele, aber auch in die Gestirne eingegeben hat. Er fühlt entsprechend, dementsprechend empfindet er. Die Empfindungen wirken auf das Nervensystem ein, die unlauteren Gedanken auf den Zellenstaat. Die Worte sind hartherzig, ebenso ichbezogen wie die Gedanken und die Handlungen.

O sehet: Die Gefühle sind die Regungen des Körpers. Die Empfindungen wirken entsprechend auf euer Nervensystem ein. Die Gedanken prägen die Zellen. Und wie sind eure Worte? Einmal süß, dann sauer, so, wie ihr sie prägt. Somit ist der Mensch getrieben von seinen eigenen Eingaben und spricht immer wieder: Herr, ich will Deine Stimme hören. – Und der Herr spricht zu dir, o Mensch: Reinige das Flußbett! Reinige also diesen deinen Kanal und finde Eingang in den Seelengrund, zum

Urprinzip des Lebens, zu deinem göttlichen Erbe, zu deinem wahren Sein.

Blicket also auf eure Gefühlsebene. Versucht, die Regungen eures Körpers wahrzunehmen. Blicket auf eure Empfindungsebene, und ihr erlebt euch selbst in Bildern und fühlt nun euer Nervensystem, das in Unordnung ist, das sämtliche Dissonanzen der aktiven Bilder aufweist. Der Mensch ist zerrüttet durch seine Eingaben. Blicket in eure Gedanken hinein, und erkennet die Inhalte. Diese Inhalte nehmen die Zellverbände auf. Und nun kontrolliert eure Worte. Sie sind einmal süß geprägt, dann wieder sauer, so, wie ihr es gerne habt, um eure Ziele zu erreichen. Und wie ist eure Arbeit, wie sind eure Handlungen? Geprägt von dem, was im Flußbett, im Kanal, fließt.

Somit ist der Mensch gespalten, aggressiv und haßerfüllt, neidisch und zänkisch, denn die Blöcke – Gefühl, Empfindung, Gedanke und Wort – sind gegeneinander aufgebracht; es ist keine Einheit im Flußbett. Die Arbeit wird halbherzig erfüllt. Die Handlungen sind unlauter. Jeder spricht: Nur für mich! – und vergißt dabei den Nächsten. Doch der Nächste ist ausschlaggebend, um zu Gott zu finden, denn der Weg zum ewigen Vater führt über eure Nächsten. So, wie ihr euch euren Mitmenschen gegenüber verhaltet, verhaltet ihr euch Gott gegenüber.

Und so mancher wird sagen: Ich halte doch Frieden mit meinem Nächsten. – Und Ich frage ihn: Hast du Frieden in deinem Flußbett? Sind die Blöcke in Harmonie? Dann ist es ein Fluß der Liebe und des Friedens. Deine Gefühle sind fein, ähnlich der kleinen Kinder. Deine Empfindungen sind in Harmonie, deine Nerven entspannt, und du bist ruhig. Deine Gedanken sind friedvoll, auch die Inhalte der Gedanken. Die Zellen atmen Friede und Harmonie, und deine Worte sind lauter. Sie sind die Stimme des Herzens, denn in ihnen ist das Wort des Lebens, das Ich Bin. Und deine Handlungen sind selbstlos, immer bedacht, dem Nächsten auch zu dienen und zu helfen. Dann bist du ein Denker für das Gemeinwohl und nicht mehr für das Eigenwohl.

O erkennet: In vielen Menschen ist die Gefühlsebene blockiert. Wißt ihr, was das bedeutet? Der Mensch bekommt wohl den Lebensstrom, denn ohne das Leben, GOTT, könnte der Mensch nicht leben. Doch er hat kaum Zugang mehr zu der Stimme des Herzens, zu der Stimme im Seelengrund. Er lebt mehr und mehr aus seiner Empfindungswelt, die entsprechend auf sein Nervensystem einwirkt. Er lebt also mehr und mehr mit seinen egoistischen Eingaben und steht auch mit diesen in Kommunikation. Dann wird er vielfach gesteuert durch Einflußnahme anderer Kräfte, denn er hat das Gefühl unterbunden, gleichsam blokkiert.

O erkennet: Wer das Gefühl, die feinsten Regungen, die Nuancen aus dem Seelengrund, nicht mehr aufzunehmen vermag, ist gehässig, egoistisch, neidisch, feindselig und vieles mehr. All diese Gedanken, Worte und Handlungen prägen ihn mehr und mehr. Das bedeutet, daß der Mensch gefühllos handelt, denn er hat das Gewissen unterbunden. Die Folge ist: kriegerisch, habgierig, mörderisch und vieles mehr.

Das ist eure Welt, Meine Kinder. Doch diese eure Welt kam nicht zufällig – sie ist geprägt von jedem einzelnen.

Und so mancher nennt sich Christ und glaubt, er wäre christlich. Bist du ein Christ, dann erfülle, was Ich dir als Jesus von Nazareth gelehrt habe. Spannst du den Bogen zu Mir nicht, weder in deinen Worten, Gedanken noch Empfindungen, dann bist du gewissenlos, denn du nennst dich Christ und bist weder christlich noch Christ.

Und so mancher, der Meine Stimme durch Prophetenmund vernimmt, wird sagen: Ich stütze mich auf die Gnade. – Wie verhältst du dich, o Mensch, gegenüber deinen Mitmenschen? Bist du gnädig zu ihnen? Hast du Erbarmen mit deinen Mitmenschen? Schnell sagt der einzelne: Ja, das habe ich. – Und Ich sage dir: Prüfe deine Worte, prüfe die Inhalte deiner Gedanken. Prüfe deine Empfindungen, und prüfe deine Gefühle, sofern sie noch aktiv sind.

Leben im Geiste Gottes heißt: Werdet wie die kleinen Kinder. Sprecht die Sprache der

Himmel, und ihr haltet Frieden. Dann müßt ihr nicht um die Gnade rufen, die gegenwärtig ist, immer gegenwärtig. Doch wie ist es in deinem Leben? Kennst du die Zehn Gebote? Kennst du die Bergpredigt? Handelst du in Worten, Gedanken und Empfindungen gemäß diesen göttlichen Gesetzmäßigkeiten? Dann kannst du sicher sein, daß die unendliche Gnade dich immer wieder aufhebt, wenn du gefallen bist. Doch wie ist es, wenn du die Zehn Gebote und die Bergpredigt ablehnst, trotz besseren Wissens? Kann dir dann die Gnade beistehen? Du w i l l s t gar nicht, daß dich die Gnade aufhebt.

O erkennet: Immer mehr Menschen erkranken in dieser Welt. Seuchen, Pestilenzen und vieles mehr brechen immer mehr aus und überfallen die Menschheit. Die Erde ist krank durch die Menschen. Doch die wenigsten erfassen, wer diese Krankheiten, wer das Leid, wer die Krankheit der Erde heraufbeschworen hat. Jeder spricht vom anderen, daß dieser schuld wäre. Wo ist d e i n e Schuld, o Mensch? Sieh auf deinen Balken in deinem Auge, bevor du immer wieder vom Splitter im Auge deines Bruders sprichst.

O erkennet und erfasset in euren Herzen: Meine Rede ist die Sorge um jeden einzelnen von euch, denn der Vater und Ich lieben euch und wollen euch herausführen aus dem Sumpf eurer Eingaben, aus dem Sumpf dieser Welt.

Wahrlich, wahrlich, Ich sage euch: Ich Bin die Stimme des Herzens, der Prophetische Geist. Er ruft dich, Mein Kind, und auch dich – jeden Menschen und jede Seele: Kehre um, und kehre ein in dein Inneres! Nimm also die Tempelreinigung vor. Beginne von außen, und wandere nach innen. Prüfe deine Worte! Blikke hinein. Blicke hinein in deine Gedanken, in deine Empfindungen, in dein Gefühlsleben, und kontrolliere deine Handlungen, deine Arbeitsweise.

O sehet: Der Weg zum Herzen Gottes beginnt nun von außen nach innen, das Flußbett, den Kanal zu reinigen, die Blöcke mit Meiner Hilfe umzuwandeln, auf daß die Härte umge-

wandelt wird, weich und sanft wird – das Gesetz der Liebe. Und so das Gesetz der Liebe im Kanal zu fließen beginnt, werdet ihr wieder eins mit eurem göttlichen Erbe, eins mit Gott, eurem und Meinem Vater, und eure Worte werden beseelt sein; in ihnen wird kein Arg mehr sein. Ähnlich wie bei den kleinen Kindern, die die Stimme der Himmel sprechen, so werdet auch ihr wieder die Stimme der Himmel sprechen. Eure Leiber werden gesunden oder gesund bleiben. Die Atmosphäre wird sich reinigen von dem Unrat des Egos. Und die Erde wird gesunden. Und die Stimme des Schöpfergeistes werdet ihr durch jedes Gräslein, durch jede Blume vernehmen, durch jeden Baum. Das Tierlein, das seine Sprache spricht, werdet ihr hören und verstehen. Das ist die Stimme der Liebe. Das ist euer göttliches Erbe. Das ist euer wahres Leben – alles andere ist Vegetieren.

Stehet auf, und empfanget bewußt den Heiligen Geist, auf daß ihr zu Kindern des Geistes werdet, zu Kindern der Liebe, denn das ist euer wahres Leben. Das ist der Weg, den Ich euch als Jesus von Nazareth aufgezeigt habe. Dazu bedarf es keiner Zeremonien und keiner Dogmen, keiner goldverbrämten Tempel. Heiligt euren Tempel! Heiligt euren Körper, indem ihr das Leben, GOTT, eingießt; so gießt der Heilige Geist in den Körper das ein, was dieser benötigt – Gesundheit, Kraft, innere Lebensfreude, Einheit. Das Flußbett ist gereinigt, der Mensch ist dem Ebenbild Gottes nahe. Das ist euer Weg, ob ihr Menschen seid oder Seelen – und es gibt keinen anderen Weg –, den eigenen Tempel zu reinigen, die Seele, und als Mensch Seele und Körper.

Wie können die Selbstheilungskräfte wirksam werden, wenn ihr zu diesen das Nein sprecht? Die Selbstheilungskräfte wirken gemäß den Eingaben des Heiligen Geistes, und der Geist Gottes gibt folgendes ein: Liebe, Einheit, Friede, Stille, Gottes- und Nächstenliebe. Strömt der Heilige Geist durch das Flußbett, dann sind auch die Selbstheilungskräfte des Körpers aktiv, die Zellverbände atmen auf, alle Bausteine des Körpers sind erfüllt von der Lebenskraft, die Ich Bin.

O sehet, Göttliches Prophetisches Heilen bedeutet: Ich heile eure Seelen – dann, wenn ihr dies wollt. Und so ihr dies wollt, werdet ihr den Kreislauf der Bereinigung in Anspruch nehmen, denn dadurch reinigt ihr das Flußbett, so daß der Heilige Geist immer mehr durch eure Seele in euren Körper zu strömen vermag. Das Nein in euren Gehirnzellen wird zum Ja: Ja, ich bin gesund. Ja, ich erfülle Schritt für Schritt die Gebote Gottes und die Bergpredigt. Ich sage ja zum Seelengrund, zu Gott. Ich sage ja zu meiner Seele. Ich sage ja zu meinem Körper. – S o werdet ihr dann sprechen, und das Ja wird dann auch getragen sein vom Geist der Liebe, der Wahrheit, der Größe und des Friedens.

O sehet, Göttliches Prophetisches Heilen heißt, die Seele heil werden zu lassen, die Ganzheitsheilung anzustreben, die Sünde der Seele mit Meiner Kraft zu erkennen, zu bereuen, zu bereinigen und diese nicht mehr zu tun. Dann werdet ihr nicht nur im aktiven Glauben wandeln, sondern in der Wahrheit. Dann ist euer Ja gefüllt mit dem Geist der Wahrheit.

Dann werdet ihr allmählich eins mit der Stimme des Herzens, welche die Wahrheit ist.

O erkennet und erfasset in euren Herzen, ihr Menschen in allen Völkern dieser Erde, ihr Seelen in den Stätten der Reinigung, die ihr Mir zuhört: Ich Bin der Christus Gottes. Höret also auf die Stimme aus dem Seelengrund. Kehret ein, und erfasset: Das Leben ist Gott, und es gibt nur ein Leben – es ist Gott. Willst du wahrhaft leben, dann beginne, deine Seele zu reinigen, und du, o Mensch, wirst auch an und in deinem Körper gesunden; denn dann erweckst du die Selbstheilungskräfte, weil dein Ja gleich dem Ja des Geistes Gottes ist.

O kehret ein in euer Inneres. Empfanget die Kraft des Geistes Gottes. Empfanget das Leben. Nehmt innere und äußere Haltung an, und machet euch bewußt, daß der Atem Leben ist, denn im Atem ist der Odem, ist Gott.

O Menschenkind, bist du mit deinem Fahrzeug unterwegs oder gar zu Fuß, suche eine Nische, um an- gleich innezuhalten. Liegst du auf deinem Krankenlager, lege dich so, daß du empfangen kannst, daß du dich auf dein Inneres zu konzentrieren vermagst, denn Ich Bin der Christus Gottes in deiner Seele. Ich heile deine Seele, wenn du es magst, wenn du eingehst in den Kreislauf der Bereinigung und die von dir erkannten Sünden, deine Sünden, von Herzen bereust, bereinigst und nicht mehr tust.

O Mensch, wisse: Ich berühre deinen Körper nicht. Ich berühre ausschließlich deine Seele, denn Ich Bin der Seelenarzt und nicht der Arzt deines Körpers. Siehe, du kannst die Selbstheilungskräfte aktivieren. Und so du bei einem Arzt für deinen Körper bist, wisse, daß du deinen Nächsten, deinen Arzt für deinen Körper, mit einbeziehen kannst, denn in seiner Seele Bin auch Ich wirksam, der Impulsgeber für dich, den Patienten. Merke dir also: Ich Bin der Seelenarzt, und so du mit Meiner Hilfe Schritt für Schritt deine Seele reinigst, reinigst du gleichsam den Zugang zu deinem Körper, den Kanal, das Flußbett. Dann strömt immer mehr der Geist Gottes in deinen Körper zu deinen Zellen, zu deinem Oberbewußtsein, und du sprichst dann das erfüllte Ja zu den Gesetzen des Lebens. Und du wirst auch Schritt für Schritt nach den Gesetzen des Lebens denken, sprechen und handeln. Dann erwacht mehr und mehr deine Empfindungsebene, dein Bildmaterial wird lichter, deine Nerven ausgewogener, dein Gewissen schlägt klarer, denn deine Gefühlsebene wird feiner; sie hat wieder Kontakt und somit Zugang zu Mir, dem Christus Gottes.

Mein Kind, atme ruhig und tief, und mache dir bewußt: Atem ist Leben. Atme tiefer. Kontrolliere deinen Atem, und fühle, wie er kommt und geht. Dabei nehmen die drängenden Gedanken Abstand. Dein Körper entspannt sich. Deine Muskeln lockern sich. Die Blutgefäße erweitern sich. Die Zellen beginnen zu lauschen, in der Frage: Welche Befehle gibt das Oberbewußtsein? Du bist also entspannt.

Jetzt laß es atmen.

Und nun mache dir bewußt, daß du der Tempel Gottes bist, daß in deiner Seele das Leben, GOTT, pulsiert, daß Ich, der Christus

Gottes, deine Seele berühre, so daß dein Gewissen mehr und mehr schlägt und du dich nun selbst entscheiden kannst: Willst du das von dir erkannte Sündhafte bereuen, bereinigen und nicht mehr tun? Dann nützt du den heutigen Tag. Dann nützt du die Stunde des Prophetischen Heilens. Und du wirst erkennen, daß Gott dir nahe ist.

Mein Kind, in deiner Seele berühre Ich Sündhaftes. Ich berühre nur so viel, was du heute an diesem Tag erkennen und bewältigen kannst. Und so du dies möchtest, sprich zu dir selbst und zu deiner Seele das erfüllte Ja.

Ich berühre Sündhaftes in deiner Seele.

Sündhaftes tut sich in Gedanken und in Bildern auf.

In deinem Oberbewußtsein erlebst du dich selbst. Blicke in deine Gedanken hinein. Betrachte dich in den Bildern.

Höre, was du sprichst in deinem Bild. Höre hinein in die Worte. Was ist der Inhalt? Du erlebst im Bild, was du denkst oder wie du fühlst. Blicke hinein in dein Gefühl, hinein in deinen Gedanken. Sind die Inhalte göttlich oder ungöttlich, also sündhaft? Du hast nun den freien Willen, das Sündhafte, den Balken in deinem Auge, näher zu betrachten, zu bereuen, zu bereinigen und nicht mehr zu tun. Möchtest du also eingehen in den Kreislauf der Bereinigung, dann empfange die Kraft zur Reue. Bereue, Mein Kind.

Bereinige. Bitte in Gedanken um Vergebung.

Vergib aber auch deinem Nächsten, der sich an dir versündigt hat.

Und so es noch möglich ist, mache nach Meiner heiligen Strahlung das wieder gut, was noch gutzumachen ist, das, was dir noch möglich ist, und tue diese Sünden nicht mehr.

In deine Gehirnzellen gibst du nun das JA ein – JA zu den Geboten Gottes, JA zur Bergpredigt. Und so wirst du Gesetzmäßigkeiten vernehmen. In deinen Gehirnzellen tun sich Gesetzmäßigkeiten Gottes, gleich Gebote, auf. Halte diese in deinen Gehirnzellen fest; es ist das JA zu deiner Seele, JA zu Gott, JA zu deinem Körper.

Und nun fühle, daß du deinen Leib stimulierst. Die Nerven entspannen sich mehr und mehr. Die Zellen nehmen das Ja auf und geben es weiter; sie arbeiten damit in deinem Körper. Alle Bausteine atmen das Ja ein. Sie arbeiten damit in deinem Körper und entwickeln so die Selbstheilungskräfte. Dein Ja zur Wahrheit, dein Ja zu den heiligen Gesetzen, die du Schritt für Schritt erfüllst, bewirkt Kraft, Liebe, Dynamik, Größe, Gesundheit und vieles mehr in deinem Körper.

Jetzt prüfe deinen physischen Leib. Er stimmt sich mehr und mehr auf Mich, den Inneren Arzt, ein, um die Lebenskräfte zur Bejahung zu empfangen. Wieder berühre Ich Sündhaftes in deiner Seele, o Menschenkind. Wieder kommen Bilder und Gedanken, und du merkst, du kannst Sündhaftes erkennen. Du merkst aber auch, daß du diese Sünden bereinigen kannst, wenn du möchtest. Und so du möchtest, empfange die Kraft zur Reue. Bereue. Bereue von ganzem Herzen, und gehe ein in den Kreislauf der Bereinigung. Bereinige, o Kind.

O siehe, Ich wandle das Sündhafte in deiner Seele um. Es wandelt sich aber auch in deinem Kanal um, in dem Flußbett von der Seele zum Menschen. Durch das Flußbett, gleich durch den Kanal, strömt immer mehr Lebenskraft zu deinen Gehirnzellen. Fülle dein Ja mit dem Geist der Liebe und der Wahrheit. Nimm Gesetzmäßigkeiten Gottes in deine Gehirnzellen auf, und gib nun den Körperzellen und allen Bausteinen deines Leibes die entsprechenden Befehle, den Befehl der Gesundheit, den Befehl des Friedens, den Befehl der Reinigung des Leibes.

Siehe, nun fühle deinen Körper. Fühle ihn. Wenn du möchtest, lege die rechte Hand auf einen Körperteil und fühle dich selbst – fühle dich selbst! Merke, wie dein Körper vibriert. Merke, wie die Selbstheilungskräfte aktiv werden. D u bist dein Heiler, der Heiler deines Körpers, auch in der Verbindung mit dem irdischen Arzt, der dir beisteht, der dir hilft. Du in Verbindung mit deinem Arzt bist der Heiler deines Körpers. Und im übertragenen Sinne bist du auch der Heiler deiner Seele, denn du bestimmst die Ganzheitsheilung oder nur die Heilung deines Körpers. Das Ja zu Mir, dem Christus Gottes, in der Verbindung mit der Erfüllung der Gesetzmäßigkeiten des Lebens führt zur Ganzheitsheilung. Du und dein Arzt wirken auch gemeinsam im Körper und auf den Körper ein. Doch du allein bestimmst die Ganzheitsheilung.

Mein Kind, Ich berühre abermals Sündhaftes in deiner Seele. Wieder erlebst du Aspekte deiner Eingaben, deiner sündhaften Eingaben. Möchtest du deine erkannten Sünden nicht mehr tun, dann gehe ein in den Kreislauf der Bereinigung.

Bereue. Bereue.

Bereinige. Bereinige.

In dein Oberbewußtsein gehen Gesetzmäßigkeiten des Lebens ein, Aspekte aus den Geboten Gottes und Aspekte aus der Bergpredigt. Nimm sie bewußt auf. Halte sie fest, und sprich das Ja zu Mir, dem Christus Gottes in dir.

Sprich das Ja zu deiner Seele, das Ja zu deinem Körper. Und siehe, Ich wandle Sündhaftes um. Die Blöcke im Flußbett werden kleiner, weicher. Immer mehr strömt der Geist der Liebe in deinen Körper.

Und nun sprich du zu deinem Körper. Befiehl den Zellen. Befiehl allen Bausteinen des Leibes. Gib ihnen den Inhalt deines Ja, und sie arbeiten. Der Körper reinigt sich. Du bestimmst es, du allein. Du bist der Heiler deiner Seele in Verbindung mit Mir. Du bist aber auch der Heiler deines Körpers in Verbindung mit dem Arzt.

Und nun fühle in deinen Körper hinein. Wenn du möchtest, lege die rechte Handfläche auf einen Körperteil und fühle, wie sanft der Körper vibriert. Fühle, daß du mit dem Inhalt in deinem Ja positiven Einfluß auf deinen Körper nimmst. Fühle es. Fühle, wie sanft er vibriert. Fühle, wie sich das Nervensystem entspannt hat.

Fühle aber auch in deine Gehirnzellen hinein. Was fühlst du? Mut zur weiteren Bejahung des Inneren Lebens. Mut zur weiteren Reini-

gung des Flußbetts und somit zur Reinigung deiner Seele. Mut, mit Mir, dem Christus Gottes in dir, immer mehr in Verbindung zu treten, um zu werden wie die kleinen Kinder, eins zu sein mit der Stimme des Herzens, mit der Stimme im Seelengrund, mit Gott.

O sehet, Göttliches Prophetisches Heilen ist heute, ist morgen, ist jeden Augenblick, denn jeden Tag werden dir andere Aspekte deines Sündhaften gezeigt. Und so du es so hältst, wie Ich es dir eben gezeigt habe – bereue, bereinige, und tue diese Sünden nicht mehr –, wirst du mit Meiner Hilfe die Ganzheitsheilung vornehmen. Deine Seele reinigt sich, das Flußbett reinigt sich. Du wirst allmählich eins mit den feinen Gefühlen aus dem Seelengrund. Das Nervensystem entspannt sich. Bilder des Friedens und der Liebe steigen empor. Die Gedanken sind lauter, die Zellverbände atmen, dein Wort ist gefüllt von der Liebe Gottes, und deine Handlungen und Werke sind selbstlos, getragen vom Geist der Liebe. Das ist Leben in Gott, und das ist der Weg für dich, o Men-

schenkind, für jeden Menschen und für jede Seele in den Stätten der Reinigung.

Göttliches Prophetisches Heilen ist also für dich, o Mensch, jeden Tag, jede Stunde, jede Minute, ja jeden Augenblick. Denke daran: Wie sieht dein Flußbett, gleich dein Kanal, aus? Reinige diesen von außen nach innen, und von innen her wird in deinen Körper mehr und mehr die Kraft und das Leben strömen, die Christus-Gottes-Kraft, und du wirst zum positiven Menschen, der die Gesetze des Lebens bejaht und sie auch erfüllt. Das ist aktiver Glaube. Das ist rechtes Tun, davon in der Bergpredigt steht. Tue, indem du die Gesetze der Liebe Schritt für Schritt erfüllst, und du wirst ein friedlicher Mensch, eins mit der Stimme deines Herzens, mit der Stimme im Seelengrund, denn deine Seele reinigt sich mehr und mehr. Die Blöcke in deinem Flußbett lösen sich auf; sie werden gleichsam umgewandelt vom Sündhaften zum Licht, zum Strom der Liebe. So findest du Zugang und Eingang in den Seelengrund, um eins zu werden mit Gott, deinem Vater, der auch Mein Vater ist.

O ihr Menschen in allen Völkern dieser Erde, ihr Seelen in den Stätten der Reinigung, erkennet die Liebe des ewigen Vaters in Mir, dem Christus Gottes, und aus dieser unendlichen Liebe die Sorge um dich, Mein Kind, um dich, um jeden einzelnen Menschen, um jede einzelne Seele, aber auch die Sorge um die Erde, um jedes Tierlein, um jede Pflanze, um jeden Stein. Wisset ihr nicht, daß Gott aus unzähligen Mündern spricht? Wisset ihr nicht, daß Gott aus jedem Stein spricht, aus jeder Blume, aus jedem Baum, aus jedem Tier? Wisset ihr nicht, daß Gott unermüdlich in euch spricht, in eurem Seelengrund? O erlebet es! Werdet also wie die kleinen Kinder. Sie sprechen die Sprache der Himmel. In ihren Worten ist kein Arg.

Empfanget den Segen der Himmel, auf daß es in euch täglich mehr werde. Empfanget im Segen die Liebe des unendlichen Vaters, der der Vater-Mutter-Gott aller Seiner Kinder ist. Empfanget den Frieden. Nehmt also die segnende Kraft in eure Seele auf, in euren Körper und reinigt damit das Flußbett, auf daß ihr Zugang findet zur Sprache des ICH BIN, der ICH BIN ewiglich, Christus, euer Erlöser, euer Wegbereiter und Begleiter ins Vaterhaus. Empfanget den Segen, und seid friedvoll.

Friede allen Menschen in allen Völkern dieser Erde.

Friede allen Seelen in den Stätten der Reinigung.

Friede den Naturreichen.

Friede strömt durch das All, durch die Unendlichkeit.

Friede in der Atmosphäre.

Friede in dir, Mein Kind.

Friede. Friede und abermals Friede, Christus in allen Menschen und in allen Seelen.

Friede. Wisset: Ich Bin in euch und bleibe in euch, die Stimme des Herzens.

Friede.

Bemüht euch, immer mehr mit der Natur zu leben. Je öfter ihr euch im Stille-Werden übt, um so näher kommt ihr der inneren Pforte

Offenbarung von Christus, 1996

Die freiwilligen Gaben der Natur sind die Gaben des mächtigen Schöpfergeistes an Seine Menschenkinder. Die Gaben Gottes sind Gaben der Liebe. Gott verlangt und erwartet von Seinen Kindern nichts – Er gibt und gibt. Doch die Naturreiche bitten euch durch Mich, Christus: Bemüht euch, immer mehr mit der Natur zu leben. Fühlt immer mehr in das Tierlein, in die Pflanze und in den Stein hinein, bis ihr erkennt: In allem ist das Leben, GOTT, ein Teil eures göttlichen Erbes. Blickt zu den Gestirnen. Blickt immer wieder zu den Gestirnen, und ihr werdet mit der Zeit erleben, daß die Gestirne zu euch sprechen. Ihr fühlt in eurem Inneren die Bewegung der Gestirne, die Harmonie ihres Laufes, die Melodien der Unendlichkeit. Und ihr wißt: Ihr seid kosmische Wesen.

O sehet: Ihr begebt euch jetzt zu euren irdischen Bestimmungsorten. Ihr sagt: „Es ist Weihnachten." Jeder von euch trägt das Innere Licht. Ja, alle Menschen und alle Seelen tragen das Innere Licht. Es ist das Christus-Gottes-Licht – ihr könnt es auch das Weihnachtslicht nennen. Tragt es zu euren Mitmenschen. Tragt es zu Tieren, Pflanzen und Mineralien. Verbindet euch mit eurer ewigen Heimat, und ihr fühlt, was Heimat bedeutet – gleichsam Geborgenheit.

Und so mancher spricht: „Die laute Welt lenkt mich ab. Ich komme so schwer in mein Inneres, in die Stille." Ein Rat eures Bruders und Erlösers: Gehet, so oft es euch möglich ist am Tag, kurzzeitig in das Stille-Werden. Bemüht euch, auch wenn es ganz kurzzeitig ist, also nur eine Minute, wie ihr sagt, vielleicht sogar nur einen Augenblick, wenn ihr dies vermögt, und ihr werdet es lernen, wenn ihr übt, die Gedanken schweigen zu lassen, die Gefühle loszulassen, keine Empfindung mehr zu haben, leer zu sein – kurze Zeit, einen Augenblick, eine Minute leer zu sein. Es ist die Besinnung auf die innere Stille. Auf diese Weise wandert ihr zur Pforte, hinter der die innere Stille, die Geborgenheit, die ewige Heimat, das Reich Gottes, ist.

Je öfter ihr euch im Stille-Werden übt, um so ruhiger und besonnener werdet ihr auch leben. Dann werdet ihr auch Schritt für Schritt der inneren Pforte näherkommen. Und je mehr ihr euch dieser Pforte nähert, um so ruhiger wird es in eurem Leben; ihr werdet besonnener, und ihr kommt dann auch der inneren Pforte immer näher. Plötzlich strahlt es durch die Pforte: Geborgenheit. Geborgenheit – es ist die Strahlung des Inneren Reiches, es ist die Strahlung unserer ewigen Heimat, es ist das Ur-Licht, die große Liebe unseres ewigen Vaters. Es ist das ewige Gesetz der Liebe, unsere Heimat, das ewige Zuhause, die Geborgenheit. Und so ihr die feinen Strahlen der Geborgen-

heit empfanget, fühlt ihr auch zugleich innere und beseelende Freude – ein Glück, das diese Welt nicht kennt.

Entfaltet das Innere Licht! Begebt euch immer mehr und öfter in die Stille, und ihr findet zur Stille, zu eurem göttlichen Erbe, zu unserem göttlichen Erbe, zu unserem wahren, ewigen Sein.

Ihr besitzt das Innere Licht, Mich, das Christus-Gottes-Licht. Gebt mehr und mehr aus eurem Herzen, dann wird es auch für euch ein gutes und ein besonnenes kommendes Jahr werden. In diesem Bewußtsein geleite Ich euch, Christus, euer Erlöser und Bruder. Laßt Friede werden in eurem Herzen, dann habt ihr auch Frieden mit eurem Nächsten, Frieden mit der Natur, mit allen Aspekten des Seins, und ihr fühlt, was es heißt, zu leben.

Ich segne euch, Bin bei euch und geleite euch auf euren Wegen. Je mehr ihr im Herzen bleibt, um so öfter werdet ihr fühlen und erleben, daß Ich, Christus, euer Bruder, euer Freund und Erlöser, bei euch Bin.

Ich Bin bei euch. Gehet in diesem Bewußtsein zu euren irdischen Bestimmungsorten. Und so ihr eure Fahrzeuge besteigt, denkt daran: In jedem Atom ist Gottes Kraft, das Ur-Licht. Denkt daran, daß Ich bei euch Bin. Und fahrt in diesem Bewußtsein, dann wißt ihr, ihr seid gut behütet.

Meine Kraft, Mein Segen und Meine Bruderliebe sind bei euch.

Friede.

Habt ihr die Gottesliebe entfaltet? Dann sind euch alle Wege geebnet

Offenbarung von Christus, 1995

Mein Reich ist ein Reich des Friedens und ein Reich der Liebe. In eurem Einheitsgebet betet ihr: „Dein Reich komme und Dein Wille geschehe."

Wahrlich, wahrlich, Ich sage euch: Das ewige Reich ist das Reich der Liebe. Die Liebe ist die größte Kraft im ewigen Sein. Die Liebe schaute sich selbst und sah die Unendlichkeit, wie sie sich formte und immer wieder neu Gestalt annahm. Die Liebe atmete aus und sprach „Es werde" und legte so die Wesenheit des Willens hinein. Und der Strom des Willens tauchte ein in die Weisheit, die Tat. Und die Tat gestaltete und formte. Die Liebe gebar sich selbst ein in jede Form und ist nun die Form der Liebe.

Das war, mit wenigen Worten gesprochen, der Beginn der ewigen Schöpfung. Das ist die Schöpfung, und so schöpft Gott weiter und alle, die in Gott, der Liebe, leben, weil sie alle Kräfte in sich tragen, die aus der Liebe hervorgingen. Keine Kraft kann bestehen ohne die Liebe, weil die Liebe die höchste Kraft und die höchste Macht ist.

Aus der Liebe kam alles und kommt alles und ist ewig alles.

O sehet, für euch Menschen beginnt wieder eine neue Woche. Wahrlich, Ich sage euch, Meine geliebten Brüder, Meine geliebten Schwestern: Nur, ausschließlich nur die Liebe Gottes hat Bestand. Die Eigenliebe ist ein kurzes Aufwallen und dann der Niedergang. Deshalb sollt ihr euch fragen: Geht ihr mit der rechten Liebe ans Tagwerk, also in die kommende Woche? Habt ihr die innere Reife, die Liebe, so weit entfaltet, daß ihr sie durch eure Tätigkeit hindurchstrahlen könnt, daß die Liebe durch euch schöpferisch ist, einerlei, wo ihr euch befindet? In allem ist der Schöpfungs-

gedanke, die Liebe, das Es Werde und die Tat, doch alles ist aus der Liebe geboren.

O erkennet, wenn ihr von Verwirklichung der Gesetze Gottes sprecht, dann sprecht ihr davon, daß ihr mehr und mehr zur Gottesliebe werdet, da ihr euer göttliches Erbe, die ewige Liebe, antretet. Je mehr ihr verwirklicht habt, um so mehr Gottesliebe könnt ihr geben. Ihr gebt die Liebe euren Nächsten. Ob ihr sie Menschen nennt oder Brüder und Schwestern – alle Menschen sind eure Nächsten. Die Natur ist die Liebe Gottes und trägt somit die Liebe Gottes, denn aus der Liebe Gottes ging sie hervor.

Liebe ist also gebend, Liebe ist gleich schöpfend. Sie strahlt durch den Willen und bringt in der Tat alles hervor. Die Liebe Gottes ist beständig, also ewig. Nun sollt ihr euch selbst fragen: Tut ihr alles aus der Liebe? Dann könnt ihr sagen: „Das Werk ist das Werk der Liebe, denn meine Werke sind Werke der Liebe.“

Ihr begebt euch in der kommenden Woche wieder an euren Arbeitsplatz. Liebt ihr eure

Tätigkeit? Liebt ihr eure Aufgaben? Liebt ihr eure Mitmenschen, eure Brüder und Schwestern? Liebt ihr alles, was ihr eurem Nächsten gebt? Dann werdet ihr viele, ja sehr viele Gaben in die Herzen eurer Nächsten legen. Diese Herzen werden dann ruhiger schlagen, weil die Menschen angeregt wurden, über das nachzudenken, was ihr euren Nächsten mitgegeben habt.

Liebe schenkt sich. Liebe ist gebend. Gebt im rechten Maß die Liebe. Gebt sie durch die Produkte. Gebt sie durch die Waren – Ich nehme eure Worte –. Gebt sie euren Nächsten. Gebt immer Liebe mit! Gebt Liebe in die Geräte. Gebt Liebe in eure Maschinen. Gebt Liebe in euer Fahrzeug hinein. Teilt aus, und ihr werdet erleben: Liebe ist Evolution. Liebe ist Schöpferkraft. Liebe ist Wille und Tat.

Gehet hin, und denkt über die Gottesliebe nach, und fragt euch, wo ihr steht. Überdenkt und überlegt, was ihr euch für die kommende Woche vornehmt. Liebe ist nicht nur ein Wort – es ist der Pulsschlag, es ist der Herzschlag des Menschen. Es ist das Leben, Gott.

So, wie ihr verwirklicht, so seid ihr erfüllt von der Liebe, und so füllt ihr die Herzen eurer Nächsten, und so steht ihr mit allem in Kommunikation, was euch begegnet, was ihr in den Händen tragt, was ihr in die Hände nehmt, was ihr gebt.

Liebe ist die Kraft, die ewig ist, die nie zerstört werden kann. Nur die Eigenliebe fällt, denn sie zerstört sich selbst. Daher rüstet euch mit eurem göttlichen Erbe, der ewigen Liebe. Und so ihr euch damit rüstet, werden euch alle Wege geebnet sein.

Jetzt werdet ihr euch auf die verschiedenen Wege begeben. Sind sie euch geebnet? Liebt ihr? Habt ihr die Gottesliebe entfaltet? Und so ihr wahrlich einige Schritte gegangen seid, hin zur Liebe, werdet ihr bewußter leben, und ihr werdet bewußt zu eurem irdischen Bestimmungsort fahren oder gehen. Und ihr werdet die kommende Woche bewußt begehen, bewußter arbeiten in der Frage, ob ihr wahrlich liebt. Fragt euch, ob ihr wahrlich liebt. Dann sind euch die Wege geebnet.

Mein Reich ist ein Reich des Friedens und der Liebe. Durch euch soll es auf die Erde kommen. Durch euch möchte Ich noch vielen Menschen die Liebe des ewigen Seins bringen, indem Ich sie in ihrem Herzen erwecke.

Liebe und Friede geleiten euch.

Friede.

Gott, die große Liebe, wohnt in deiner Seele. Möchtest du einen Funken der Gottes- und Nächstenliebe entfalten?

Offenbarung von Christus, 1996

Ich Bin der Ich Bin – so spricht es durch Prophetenmund.

Ich Bin der Ich Bin – so klingt es durch Raum und Zeit.

Ich Bin der Ich Bin, so strömt es durch die Ewigkeit – Christus, der Sohn des ewigen Vaters, der Erlöser aller Seelen und Menschen.

Ich Bin der Ich Bin – die Liebe und das Leben. Mein Wort, das Wort der Himmel, spricht durch Prophetenmund, hinein in alle Völker dieser Erde. Höret, ihr Menschen, und lernt, euren Erlöser in euren Herzen zu verstehen, auf daß ihr mehr und mehr erfahrt, daß Gott, euer und Mein Vater, die ewige Liebe ist. Ja, Gott ist Liebe.

O, ihr Menschen in allen Völkern dieser Erde, öffnet eure Herzen, und erfasset den Sinn des Wortes „Liebe". Erfasset nun den Sinn der Worte: Gott ist Liebe. Gott ist ewige Liebe.

Nehmt weiteres in eure Herzen auf: Gott liebt euch, jeden einzelnen von euch.

Nehmt weiteres in eure Herzen auf: Gott ist ein naher Gott. Gott, die unendliche Liebe, wohnt in jedem von euch. Die Liebe des ewigen Vaters, eures Vaters, der auch Mein Vater ist, wohnt in euch. Die große Liebe ist im Sohn. Der Christus-Gottes-Funke, der Erlöserfunke, ist also die Liebe in jedem von euch. Erst dann, wenn ihr das zu begreifen gelernt habt – Gott, die große Liebe wohnt in euch –, versteht ihr auch die Worte: Ihr seid der Tempel Gottes, der Tempel der großen Liebe.

Machet euch nun bewußt, daß Gott, euer und Mein Vater, die Liebe ist, die Liebe in jedem von euch. Die Liebe hört euch. Die Liebe versteht euch. Die Liebe schenkt sich jedem von euch. Gott, die große Liebe, schaut in das Verborgenste. Ihr könnt also vor der großen Liebe nichts verbergen. Die Liebe bleibt im größten Sünder, weil sich die Liebe immer verschenkt. Die Liebe pocht beständig an eure Herzen und ruft: Öffne dich, Mein Kind, für deine Herkunft, für das Leben, das Ich Bin, für die Liebe, für deine Heimat, für das heilige, ewige Gesetz, das du im Seelengrund bist, denn du bist hervorgegangen aus der Wiege der Liebe, und die Liebe ist bei dir, deine Heimat, dein wahres Wesen.

O ihr Menschen in allen Völkern dieser Erde, fürchtet ihr euch vor der Liebe Gottes? Fürchtet ihr euch vor Gott, eurem Vater, der Mich sandte, auf daß ihr erkennen könnt, daß Er euch liebt? Ja, Er liebt den größten Sünder. Doch was tut der Mensch? Er wendet sich ab von der Gottes- und Nächstenliebe und pflegt seine Eigenliebe, sein Eigenwohl, und geht damit in sein Verderben.

O fühlet, und erfahret in euren Herzen, daß die Gottes- und Nächstenliebe euer wahres Leben ist. Euer wahres Leben ist Gesundheit, Freude, Glück, Harmonie und Friede. Wer Gott nur einen Funken liebt, der betet Gott an und erfüllt Schritt für Schritt, was Gottes Wille ist. Gottes Wille zeigt sich in den Zehn Geboten und in der Bergpredigt.

Meine Kinder – ja, Ich spreche von „Meinen Kindern", denn auf Golgatha habe Ich euch an Kindes Statt angenommen, um euch in den Schoß des ewigen Vaters zu führen –, nur einen Funken Gottes- und Nächstenliebe, und ihr betet dann den großen Geist der Liebe an, der in dir, Mein Kind, in dir, in jedem Menschen, wohnt.

Warum fürchten sich so viele Menschen vor Gott? Weil ihnen kirchliche Obrigkeiten weisgemacht haben, daß Gott ein strafender Gott, ein züchtigender Gott, wäre, ein Gott ohne Erbarmen, der die Seelen ewig in der Hölle schmachten ließe.

Warum haben euch so manche kirchlichen Obrigkeiten weisgemacht, ihr könnt zu sogenannten Heiligen beten? Wahrlich, wahrlich, Ich sage euch: Es gibt nur e i n e n *Heiligen, einen einzig Heiligen – es ist Gott, euer und Mein Vater, es ist die große Liebe, die in jedem Menschen und in jeder Seele wohnt. Im Himmel gibt es nur einen einzig Heiligen. Alle sogenannten „Heiligen" sind unter Umständen selige Seelen, die dem Himmel zuwandern, um wieder Ebenbilder des Vater-Mutter-Gottes zu werden. Und die, die schon in die Himmel eingegangen sind, sind die Ebenbilder des Vater-Mutter-Gottes, göttliche Wesen, die das Gesetz der Liebe sind. Warum betet ihr zu euren sogenannten Heiligen, wo ihr doch Gott, die große Liebe des ewigen Vaters, in euren Seelen, in euren Herzen habt?*

O sehet: So manche von euch beten – wie ihr sagt – zur „Mutter Gottes". Ich aber sage euch: Es war die Mutter Jesu, die Meinen physischen Körper geboren hat. Ihr geistiger Leib ist im ewigen Sein, ist das Gesetz der Liebe. Das Geistwesen ist der Seraph der Barmherzigkeit vor Gottes Thron und bittet euch durch Mich: Betet, betet zu dem Einen, der in euch wohnt. – Es ist die große Liebe des Vaters in Mir, dem Christus Gottes, eurem Erlöser, in dem einen Funken der Liebe, der in euch wohnt.

Erst dann, wenn ihr das begreift, daß ihr mit allem, aber auch mit allem, was euch bedrückt und erfreut, zu Gott in eurem Inneren kommen könnt, wenn ihr begreift, daß ihr zu Gott, eurem Vater, sprechen könnt, daß Gott die große, allgegenwärtige Liebe in euch, euch versteht, euch vernimmt und euch immer beisteht und hilft. Jeden Augenblick steht Er der Seele bei, und jeden Augenblick hilft Er auch dem Menschen, wenn das gut ist für die Seele, denn die Seele trägt das ewige Leben. Der Mensch lebt durch das Leben, GOTT; die Hülle fällt eines Tages, doch die Seele lebt weiter, ewiglich in der großen Liebe.

Mein Kind, verstehe, und lerne begreifen, und erst wenn du begriffen hast, daß Gott dich liebt – auch dann, wenn du sündigst –, wirst du allmählich erfahren und erspüren, was dein göttliches Erbe ist: die Gottes- und Nächstenliebe.

Siehe, und erfasse in deinem Herzen, göttliche Freiheit heißt: Das reine Wesen, das Geistwesen in Gott, ist in der ganzen Unend-

lichkeit, im ganzen reinen Sein, zu Hause, weil jedes reine Wesen das Gesetz der Gottes- und Nächstenliebe verkörpert und somit die absolute Bewegungsfreiheit hat. Alle Gestirne des reinen Seins sind als Essenz im geistigen Leib. Jeder Pulsschlag des unendlich-ewigen Geistes ist in jedem Geistwesen. Jedes reine Wesen atmet den Strom der unendlichen Liebe und ist selbst Gottes- und Nächstenliebe.

Freiheit heißt also, in Gott zu leben. In jedem von euch ist der freie Geist. In jedem von euch ist das Geistwesen, die Freiheit, das Licht der Heimat, die Gottes- und die Nächstenliebe. Ihr seid also freie Kinder Gottes, auch wenn ihr Menschen seid. Auch wenn der geistige Leib umkleidet ist von der Hülle Mensch, bleibt ihr Kinder Gottes, weil Gott euch liebt. Durch die Freiheit habt ihr auch die Entscheidungsfreiheit, in der Gottes- und Nächstenliebe, in eurem göttlichen Erbe, zu bleiben – oder euer göttliches Erbe zu umschließen mit eurem Sündhaften.

Das Prinzip des ewigen Seins lautet: Gleiches zieht Gleiches an. Die reinen Wesen der

Himmel ziehen immer nur wieder das reine Sein an – Frieden, Harmonie, Schönheit, ewige Jugend, den Glanz und die Sonne der Gerechtigkeit, also die unendliche Gottes- und Nächstenliebe. Die geistigen Naturreiche blühen und strahlen die große Schöpferliebe aus, und die Wesen des Lichtes sind eins mit allen geistigen Naturformen.

O sehet: Im ewigen Sein gibt es kein Altern. Das ewige Sein ist ewig jung, und so sind die Geistwesen des ewigen Seins die ewige Jugend.

O Meine Kinder im Erdenkleid, erfasset: Gleiches zieht Gleiches an. Sündigt ihr, haßt ihr euren Nächsten, dann trennt ihr euch von der Gottes- und Nächstenliebe, und ihr werdet wieder Haß auf euch ziehen. Ihr sündigt also durch sündhafte Gefühle, Empfindungen, Gedanken, Worte und Werke. Dadurch trennt ihr euch von Gott – aber Gott trennt sich niemals von euch, denn Er wohnt in euch. Er liebt euch und ruft euch durch Christus, der Ich Bin, euren Erlöser. Glaubet, und tut, was Gottes Wille ist! Dann werdet ihr umkehren und allmählich wieder einkehren in euer gött-

liches Erbe, in die Gottes- und Nächstenliebe. Der Haß trennt. Die Gottesliebe verbindet.

O sehet, mit sündhaften Worten speist ihr gleichsam euren physischen Leib und gebt auch die Sünde in Partikel, in geistige Partikel, der Seele ein, und über die Seele geht diese Speicherung in sogenannte Speicherplaneten. Es sind dann die Wege der Seele, wenn der physische Leib von der Seele abgefallen ist. Ihr nennt diese äußere Trennung Seele und Leib den „Tod". Doch es gibt keinen Tod, weil Gott Leben ist.

Erst dann, wenn ihr das alles begreift, werdet ihr euch von all den Menschen – und hier meine Ich die Meinungen und Vorstellungen des Menschen – abkehren, die euch einen strafenden Gott lehren, die euch die ewige Verdammnis lehren, die euch Fegfeuer und Hölle lehren. Es gibt in der ganzen Unendlichkeit keinen Ort der Hölle oder des Fegfeuers. Hölle und Fegfeuer sind eure eigenen Sünden, die brennen, die Krankheit, Leid, Hunger, Not und vieles mehr herbeiführen – auch die Erdkatastrophen durch euer Fehlverhalten gegen die Naturreiche, gegen die gesamte Erde und die Atmosphäre. Meine Kinder, es gibt keinen solchen Ort! In eurem Bewußtsein bestehen diese Tendenzen Hölle, Fegfeuer, ewige Verdammnis. Löst euch! Löst euch von diesen Begriffen und von solchen Meinungen der Menschen.

Und begreift – o, wenn ihr endlich nur begreifen würdet, daß Gott, euer und Mein Vater, die Vater-Mutter-Liebe in dir, Mein Kind, in dir, in jedem von euch ist! Verstehen könnt ihr Menschen Gott nie ganz und gar, aber begreifen und spüren lernen könnt ihr Gott, euren ewigen Vater, der auch Mein Vater ist. Ja, Ich rufe euch mit Meinem ganzen geistigen Herzen, das zu begreifen, das zu verstehen: Daß Gott euch liebt! Ihn selbst könnt ihr nie ganz und gar verstehen, aber ihr könnt Ihn spüren lernen. Ihr könnt begreifen, daß Gott Liebe ist – dann, wenn ihr Ihn spürt, spürt in eurer Seele, spürt in eurem Körper.

Ja, Gott, euer und Mein Vater, die Vater-Mutter-Liebe in euch, ist der nahe Gott, die ganz, ganz nahe Liebe. Diese Liebe zu spüren heißt, Ihn ein Fünkchen zu lieben. Nur ein Fünkchen, und viele, viele Funken der Liebe sprühen und fließen durch eure Seele in euren Körper, und ihr merkt: Gott ist da! Gott ist Liebe. Gott ist euer Vater, ewiglich. Im Innersten seid und bleibt ihr die unsterblichen Wesen, ewiglich.

Möge dies eine Spur von Hoffnung in euch keimen lassen. Möge der Funken Liebe zu Gott erwachen. Ein Fünkchen Liebe zu Gott, und ihr werdet auch ganz allmählich mit eurem Nächsten Frieden schließen, denn euer Nächster wird ebenso geliebt, wie ihr geliebt werdet.

Wenn ihr auch mit dem, was euer Nächster sagt oder tut, wie er sich verhält, nicht einverstanden sein könnt, wenn ihr dies mehr oder weniger ablehnt, so bemüht euch, euch nicht über ihn stellen, sondern bleibt mit ihm im Herzen verbunden – es ist euer Bruder, es ist eure Schwester; ihr seid doch alle Kinder e i n e s Gottes, Kinder der großen Liebe! Ein Fünkchen Liebe zu Gott, und dieser Funke springt über auf euren Nächsten, und ihr wer-

det eurem Nächsten vergeben für das, was er euch angetan hat; und ihr werdet euren Nächsten um Vergebung bitten. Ja, ihr werdet dann auch wiedergutmachen, was noch gutzumachen ist. Und so ihr diese Sünden nicht mehr tut, ist der Funke gewachsen; er springt über zu eurem Nächsten, und ihr beginnt, euren Nächsten im Herzen zu lieben, auch dann, wenn ihr mit dem Äußeren, dem Sündhaften, mit dem Gehabe des Egos, nicht einverstanden seid, es nicht bejaht. Doch ihr bleibt mit ihm verbunden.

Das ist Liebe. Das ist Harmonie. Danach sehnt sich euer Nervensystem. Danach sehnt sich jede Zelle eures Körpers, jeder Baustein eures Leibes, denn euer physischer Leib ist auf Ausgleich ausgelegt, auf Harmonie.

Doch ihr verkrampft das Nervensystem. Ihr gebt Sündhaftes in euren Zellenstaat, in eure Organe, ein und zieht gleichsam das wieder an, was ihr eingegeben habt: Angst z.B. vor Krankheit, Angst vor Not und Sorgen, Angst vor Einsamkeit und vieles mehr. Seid ihr dann krank, dann sprecht ihr von Krankheit. Habt ihr Sorgen und Nöte, dann sprecht ihr immer wieder davon. Dadurch verkrampft ihr das Nervensystem und speist weiter euren Zellenstaat, eure Organe, alle Bausteine des Körpers. Zuerst rufen sie um Hilfe, denn sie merken und spüren, sie bekommen zu wenig Lebenskraft aus der Seele, weil sich der Mensch von Gott abkehrt, dem Leben. Doch das Ego hört nicht auf den Ruf der Zellen. Dann geht das Nervensystem, dann gehen die Organe in die Trübsal. Schweigend nehmen sie hin, was ihnen auferlegt wurde durch euer sündhaftes Denken: Krankheit, Sorge, Leid, Hunger, Einsamkeit und vieles, vieles mehr.

Ich möchte euch mit Meinen Worten aufrütteln! Meine Kinder, ihr Menschen in allen Völkern dieser Erde, ihr seid Königskinder, Kinder des ewigen Vaters! Könntet ihr das begreifen! Dann würdet ihr in Meine Worte hineinblicken – und jetzt, in diesem Augenblick, wäre die Umkehr da. Ihr würdet euch bewußt machen, daß ihr durch euer falsches Denken, Sprechen und Handeln das auf euch zieht, was ihr nicht wollt: Krankheit, Sorge, Hunger, Not, Einsamkeit und vieles, vieles mehr. Ihr wollt es nicht – und holt es doch herbei.

Meine Kinder, in dieser Meiner Offenbarungsstunde, im Göttlichen Prophetischen Heilen, möchte Ich euch bewußt machen, was es heißt, den nahen Gott zu spüren. Der nahe Gott ist auch die Selbstheilungskraft in deinem Körper. Der nahe Gott ist die große Liebe in deiner Seele, ist im Einklang mit der Erlöserkraft die umwandelnde Kraft der Sünde; die Negativenergie wandelt sich um in positive Kraft, in das Leben, das dein wahres Sein ist, o Menschenkind. Doch d u , du bestimmst es selbst, ob du deinen gütigen, liebenden Vater, diese große Liebe, in dir spüren möchtest.

Ja, es ist nicht einmal eine Verheißung, daß Gott da ist – Er ist da. Merke dir das! Und mache dir bewußt, es kommt auf dich an, ob du dir helfen läßt. Lehnst du deinen Nächsten ab, lebst du mit ihm in Feindschaft, in Zwietracht, dann lehnst du Gott ab, denn du versündigst dich an deinem Nächsten und ver-

sündigst dich damit auch an Gott, denn Gott liebt deinen Bruder, deine Schwester ebenso, wie Er dich liebt. Hast du das Recht, ihn zu verurteilen?

Was du nicht willst, daß dein Nächster dir antut in Gedanken, Worten und Handlungen, das tue auch du ihm nicht an. Siehe, wenn du dir dies bewußt machst, beginnt der Funke der Gottes- und Nächstenliebe in dir zu keimen, und du kommst Gott näher und fühlst die große Liebe.

Ja, Mein Ruf, Mein Herzensruf, schallt durch Prophetenmund. In diesem Göttlichen Prophetischen Heilen möchte Ich – natürlich so du willst, denn du hast den freien Willen – mit dir, o Menschenkind, einerlei, wo du dich auch befindest, in welchem Volk, in welchem Land, eine Übung machen, auf daß du spürst, daß dir Gott ganz nahe ist. Voraussetzung ist jedoch, daß du möchtest. Möchtest du diesen einen Funken der Gottes- und Nächstenliebe entfalten? Möchtest du Funken der Gottes- und Nächstenliebe, die aus deiner Seele sprühen, durch deinen Leib strömen spüren? Möchtest du also merken, daß Gott dir nahe ist? Dann denke mit, und denke die Worte, die Ich durch Prophetenmund spreche, in deinen Körper hinein. Begleite deine Gedanken mit der Hoffnung: Gott ist gegenwärtig. Gott liebt dich. Gott ist in dir.

Denke also mit und fühle gleichzeitig mit:

Gütiger Vater-Mutter-Gott, ich bin Dein Kind.

Du liebst mich.

Du liebst mich, auch den Sünder.

Vater, ich bejahe Deine Nähe, Deine Gegenwart in mir.

Du bist die große Liebe, die immer an mein Herz pocht und spricht: Mein Kind, Ich liebe dich. Nur das Beste möchte Ich für dich. Komm! Komm, und siehe, Ich habe dir wieder einen Tag geschenkt. An diesem Tag erkennst du Sündhaftes. Bringe es Mir. Bereinige es mit Meiner Kraft, und tue diese Sünde nicht mehr.

Und nun, o Menschenkind, sprich, ja denke hinein in dein Inneres und sprich somit zu deinem Vater:

Vater, bist Du es wirklich?

Und der Vater spricht:
Kontrolliere deinen Atem. Er geht ruhig und tief. Ich habe dein Nervensystem berührt – es entspannt sich.

Sprich, ja denke hinein zu deinem Vater:
Vater, liebst Du mich wirklich?

Und aus dem Seelengrund kommt die Stimme:
Mein Kind, Ich liebe dich so sehr. Ich liebe dich so sehr, daß Ich Meinen Sohn zu dir sandte, auf daß du erfahren lerntest, was Liebe ist. Kinderliebe, Vaterliebe.

Und die Stimme in deinem Herzen spricht:
Siehe, dein Körper beginnt in Frische und Seligkeit zu vibrieren. Ich habe deine Zellen berührt.

Und du hörst wieder die Stimme:
Mein Kind, siehe, sprich dein Erbe – Gesundheit, Frische und Hoffnung – in deinen

Körper hinein, den aktiven Glauben, und du beginnst, mehr und mehr in Mir zu leben.

Sprecht, ja denkt hinein in eure Seele und in euren Körper. Und so ihr dies von Herzen tut, empfangt ihr die Antwort der Liebe auf vielfältige Art und Weise.

O sehet, ein solches Gebet ist die Zwiesprache mit Gott, und ihr begreift, was es heißt, Gott nahe zu sein. Und ihr begreift den nahen Gott.

Eine weitere Übung, auf daß ihr begreifen lernt, wie nahe Gott euch ist, jedem von euch:

Legt nun eure Handflächen auf den oberen Teil eurer Beine. Jetzt fühlt ihr euren Körper. Beachtet euren Atem. Er geht ruhig und tief. Das Nervensystem hat sich entspannt. Der Oberkörper will sich nicht mehr anlehnen, weder an eine Stuhllehne noch an einen anderen Gegenstand. Er beginnt, sanft zu vibrieren.

Der Atem geht tief. Allzumenschliche Gedanken sind weit in der Ferne. Merkt ihr Gottes Gegenwart? Er, der große Geist der Liebe, der

Vater-Mutter-Gott, hat Sein Kind berührt, nicht nur die Seele, auch den Körper. Fühlt das feine Strömen in eurem Leib – wie ihr sagt, vom Scheitel bis zur Sohle. Es ist Gottes Liebe, die Liebe, die euch berührt.

Und nun legt die Handrücken auf eure Beine. Ihr atmet ruhig und tief. Ihr fühlt die Gegenwart Gottes. Nun sprecht, gleichsam denkt, in euren Körper hinein, und bejaht eure Gedanken:

Ich bin friedvoll. Mit meinem Nächsten bereinige ich, was nicht der göttlichen Ordnung entspricht.

Ich bin gesund.

Ich bin sanftmütig und demütig.

Haß, Neid und Feindschaft bereinige ich mit meinem Nächsten. Liebe ist mir geboten. Liebe werde ich pflegen, der Gottes- und Nächstenliebe zustreben, denn Gott ist in mir die große Liebe.

Meine Sorgen lege ich in die große Liebe.

Denke weiteres in dich hinein:

Alle Probleme lege ich in Gottes Liebe.

Mein Nervensystem ist harmonisch, in voller Harmonie.

Meine Organe laben sich am Strom der Liebe.

Ich bin die Liebe in Gott, der großen Liebe.

Und nun, Mein Kind, beobachte, und fühle in deinen Körper hinein:

In deiner Seele, aber auch in den Zellen deines Körpers entsteht das große Verlangen, friedvoll, gesund und liebevoll zu sein. Immer mehr erwacht das Verlangen, gleich einer Sehnsucht, mit deinem Nächsten Frieden zu schließen und Frieden zu halten. Und nun erwacht mehr und mehr die Sehnsucht, und die Sehnsucht spricht: Ja, eins zu sein – eins zu sein mit Gott, meinem Vater.

Und nun, Mein Kind, rege Ich in deiner Seele Bilder an, also Gegensätzliches. Erkenne dich in diesen Bildern. Nimm sie in dein Oberbewußtsein auf. Erlebe dich in diesen Bildern. Du erlebst dein arrogantes Verhalten, deine

Selbstsucht, dein Ego. Du erlebst Haß und Neid. Du erlebst aber auch deinen Nächsten, der gegen dich war und ist. Und du erlebst wieder dich, wie du gedacht hast diesem deinem Nächsten gegenüber.

Sieh also den Balken in deinem Auge. Und so du möchtest, angerührt von dem Funken der Liebe, bereinige in Gedanken. Bitte um Vergebung. Vergib. Und nimm dir nun fest vor, diese Sünden nicht mehr zu tun. Siehe, dann entwickelst du Funken über Funken der Gottes- und Nächstenliebe. Diese Funken gehen ein in deinen physischen Leib. Sie aktivieren die Selbstheilungskräfte, und du merkst, wie Gott in deiner Seele wirkt und wie du mit der Hilfe Gottes die Selbstheilungskräfte aktivierst.

Um den nahen Gott zu spüren, lege nun die rechte Handfläche auf einen Körperteil deiner Wahl. Spüre, ja spüre den nahen Gott! Spüre die sanfte Vibration deines Körpers. Merke, wie leicht und harmonisch dein Oberkörper schwingt. Es ist Gottes Liebe. Es ist der Funke der Gottes- und Nächstenliebe, den du entwickelt hast, der Kommunikation aufnahm mit der großen, ewigen Vater-Mutter-Liebe in dir.

Merke, wie Ströme der Liebe durch deine Seele und durch deinen Körper fließen, gleichsam vom Scheitel bis zur Sohle. Fühle den nahen Gott, und erfahre einen Funken Gottes- und Nächstenliebe. Dieser Funke läßt dich Großes erleben. Dieser Funke bewirkt auch Großes in dir – Heilung deiner Seele, Heilung deines Körpers. Dieser Funke Gottes- und Nächstenliebe, den du entwickelst durch den Kreislauf der Bereinigung, läßt dich frei werden von der Sünde und gibt dir auch die Kraft, mit deinem Nächsten in Kommunikation zu treten. So wirst du auch dann, wenn du zu einem irdischen Arzt gehst, mit diesem in dieser Kommunikation stehen. Still und ruhig fließt sie vom Vater zum Kind, vom Kind zum Vater, vom Bruder zum Bruder, vom Bruder zur Schwester, von Schwester zu Bruder.

Leg deine rechte Hand zurück, und fühle deinen Körper. Ja, spüre, spüre in deinen Körper hinein. Eine große Sehnsucht macht sich in dir breit, immer in dieser heiligen Schwingung zu leben. Es ist die heilige Kraft, die dich berührt. Du jedoch kannst immer in dieser seligen Schwingung leben, verbunden mit Dem, der dich liebt.

Siehe, Ich berühre abermals Sündhaftes in deiner Seele. Wieder steigen Bilder auf und zeigen sich in deinem Oberbewußtsein.

Mein Kind, möchtest du das bereinigen, was dich betrifft, dein Sündhaftes? Schau dich an, und frage dich: Ist das wirklich deiner würdig als Kind Gottes, als Kind einer großen, unendlichen Liebe, geboren aus dieser Wiege, lebend im Herzen der Liebe? Das Gewissen schlägt. Doch die Sehnsucht überstrahlt das Gewissen; es ist das große Ja, wieder daheim zu sein, bei Dem, der die Heimat ist, Gott, die Liebe. Und so du möchtest, gehe ein in den Kreislauf der Bereinigung. Bitte um Vergebung. Tu dies in Gedanken. Vergib deinem Nächsten, der sich an dir versündigt hat. Und wenn du im Bild siehst, daß du als Mensch noch einiges gutmachen kannst, dann tue dies nach der Strahlung. Und so du diese von dir erkannten, bereuten und bereinigten Sünden nicht mehr tust, hast du wieder einen Funken Gottes- und Nächstenliebe entfacht.

Funke für Funke baut sich dann in deinem Oberbewußtsein auf. Und diese Funken sprechen zu dir, dann, wenn du wieder in deine alten Gewohnheiten, in deine alten Muster der Sünde, zurückfallen möchtest: Halt! Halt, Kind. Denke an die Gottes- und Nächstenliebe. Prüfe den Inhalt deiner Gedanken und Worte. Nicht so! Nimm deinen Nächsten im Herzen an und auf. Auch dann, wenn du mit seiner Meinung, mit seinen Vorstellungen nicht in Übereinstimmung sein kannst, bleibe mit ihm verbunden, und liebe sein wahres Wesen, so, wie Gott ihn liebt, so, wie Gott dich liebt. – Dann denkst du Gesundheit in dein Herz hinein, in deinen Körper: Friede, Harmonie. Die Sorgen und Probleme weichen; der aktive Glaube regt dich immer wieder zur Bereinigung deines Sündhaften an. Und die Sehnsucht, Gott näherzukommen, entwickelt Funken für Funken der Gottes- und Nächstenliebe.

Mein Kind, lege die rechte Hand auf einen Körperteil deiner Wahl, und fühle – fühle die Wärme. Fühle die Antwort Gottes! Fühle Seine Gegenwart. Es strömt durch dich. Es leuchtet in deiner Seele. Das Nervensystem ist entspannt. Die Zellverbände atmen und sprechen zu dir: Endlich Harmonie! Endlich wieder Leben aus dem Leben, wonach wir uns sehnen.

Fühle also deinen Körper. Fühle das Organ, auf dem deine Hand liegt. Und nun fühle die verschiedenen Organteile, die verschiedenen Körperteile. Nimm deine rechte Hand, lege sie einmal da- und einmal dorthin. Und überall merkst du das sanfte Vibrieren deines Leibes. Es ist die Liebe Gottes, die dich berührt hat und berührt.

Mein Kind, lege die rechte Hand zurück. Und nun kommt die Frage deines Bruders und Erlösers, Christus: Wie willst du es in Zukunft halten? Siehe, Gott ist ein naher Gott! Die Vater-Mutter-Liebe ist in dir. Du bist der Tempel Gottes. Lerne zu begreifen, daß Gott, die Liebe, i n d i r ist. Lerne zu begreifen, daß du dich von der Gottes- und Nächstenliebe abwendest, wenn du sündigst. Lerne zu begreifen, daß Gleiches Gleiches anzieht durch das Gesetz der göttlichen Freiheit. Lerne zu begreifen, daß du alleine Den anbeten sollst, der in dir wohnt, Gott in Christus, den Christus Gottes, die große Liebe in dir; daß du jeden Augenblick zu Gott, dem Geist der Liebe, zu Gott, deinem Vater, dem Vater-Mutter-Gott, sprechen kannst, im Gebet, mit Worten des Kindes, mit den Worten des Sohnes und der Tochter Gottes. Er, der in dir wohnt, schaut in das Verborgenste. Er kennt dich. Er weiß um dich. Er liebt dich.

Mögest du, o Menschenkind, begreifen, daß du einkehren kannst in die große Liebe, gleich, wo du bist.

Mögest du begreifen, daß du durch Gottes Liebe die Selbstheilungskräfte aktivieren kannst.

Mögest du endlich begreifen, daß du keine Mittler oder Gebetsmittler brauchst. Gehe zu Ihm, Er liebt dich.

O sehet und erfasset: Aus den Himmeln strömt die große Liebe und das Wort der Liebe durch Prophetenmund von eurem Bruder und Erlöser, Christus. Begreift das! Erst wenn ihr das begriffen habt, daß Gott euch nahe ist und euch liebt, werdet ihr bewußte Tempel der Liebe. Ihr werdet eure Sünden, die ihr Tag für Tag erkennen könnt, bereuen, bereinigen und nicht mehr tun und mit euren Mitmenschen, die eure Brüder und Schwestern sind, in Frieden leben.

Ihr werdet Frieden halten, und ihr werdet eure Gefühle, Empfindungen, Gedanken, Worte und Taten überprüfen, ob sie der Liebe Gottes, der großen Liebe, entsprechen. Stellt sie den Zehn Geboten und der Bergpredigt gegenüber, und ihr wißt, ob diese eure Gefühle, ob die Inhalte eurer Empfindungen, Gedanken, Worte und Handlungen wahrlich den Geboten und der Bergpredigt entsprechen. Wenn ja, dann seid ihr glücklich. Wenn ja, dann seid ihr von innen her freudig. Wenn ja, dann gesundet ihr. Wenn ja, dann steht ihr in Kommunikation mit der großen Liebe, mit eurem göttlichen Erbe. Wenn nein – Gott liebt euch und ruft: Mein Kind, du hast erkannt, was du bereinigen sollst. Wenn du möchtest, Ich helfe dir: Bereue, bereinige, und tue diese Sünde nicht mehr.

Meine Menschenkinder in allen Völkern dieser Erde, eine einfache und schlichte Lehre! Weil Gott in euch ist. Möget ihr das begreifen und den Sehnsuchtsruf eures Bruders und Erlösers hören: Kommet! Kommet alle zu Mir her, die ihr mühselig und beladen seid, ja auch ihr, die ihr glaubt, frei zu sein von schweren Sünden – kommet her! In euch wohnt die große Liebe, die euch unermüdlich segnet, die euch unermüdlich hilft, die Frieden spendet. Kehret ein in euer Inneres. Gehet schlicht in ein stilles Kämmerlein. Betet, haltet Zwiesprache mit Gott, und entwickelt die Kräfte der Liebe in eurer Seele und auch in eurem Körper.

Dann werdet ihr auch zu einem physischen Arzt gehen, wenn es notwendig ist, und mit seinem Inneren in Kommunikation sein. Ihr werdet mit den Naturreichen in Kommunika-

tion sein. Ihr werdet aber auch mit all den Medikamenten in Kommunikation sein, die euch der Arzt verschreibt, euch anrät zu nehmen. In allem ist die große Schöpferkraft. In allem ist die Liebe. Und in dir, Mein Kind, in dir, in dir, ist die Vater-Mutter-Liebe. Erweise dich als Sohn und Tochter, als Kind dieser Liebe, und du bist glücklich – glücklich, friedvoll, liebevoll. Und du weißt, ja du spürst: Gott ist nah! Du bist das geliebte Kind, der geliebte Sohn, die geliebte Tochter des ewigen Vaters.

Meine Menschenkinder, empfanget den Segen der Liebe, auf daß ihr wachset und reifet in der Liebe und euch allmählich bewußt wird, daß Gott die Liebe ist in dir, in deinen Nächsten, in allem.

Ich segne alle Menschen in allen Völkern dieser Erde.

Ich segne alle Seelen in den Stätten der Reinigung.

Ich segne die Naturreiche.

Durch die Gestirne strömt der Segen, die große Liebe.

Wahrlich, wahrlich, Ich Bin der Ich Bin, der Geist der Wahrheit.

Ich Bin der Ich Bin, die große Liebe. So strömt es durch die Unendlichkeit. So floß es im Wort durch Prophetenmund. So ist es in dir, in deinem Seelengrund.

Ich Bin.

Friede, Meine Kinder.

Friede.

Und merket euch: Ich Bin.

Laß Mich zum Ausdruck der Gegenwart werden, und du erlebst die mächtige Sonne der Liebe in dir, die du im Vater bist

Offenbarung von Christus, 1995

In allen und in allem Bin Ich gegenwärtig. Meine geliebten Brüder, Meine geliebten Schwestern, erfasset den Sinn dieser Wort: Ich Bin in allen und in allem gegenwärtig.

O sehet: Alles, was ihr tut – Bin Ich gegenwärtig. Jede Bewegung eures Körpers drückt Meine Gegenwart aus. Jeder Schritt ist Meine Gegenwart. Jede Handbewegung, jede Bewegung eurer Finger ist Ausdruck Meiner Gegenwart. Jedes Haar ist Ausdruck Meiner Gegenwart. Jeder Augenaufschlag, alles, was ihr seht, hört, riecht, schmeckt und betastet, ist Ausdruck Meiner Gegenwart.

O erkennet und erfasset in euren Herzen: Der Ausdruck Meiner Gegenwart ist der Adel, das Schöne, das Reine, das Ebenmäßige. Ich Bin im Unreinen, im Unschönen gegenwärtig, und so ihr nach den Gesetzen des Lebens zu empfinden vermögt, erlebt ihr Mich als Ausdruck der Gegenwart. Ob ihr ein Schriftstück verfaßt oder lest – Ich Bin Gegenwart. Und so ihr es mit Mir tut, fühlt ihr den Ausdruck der Gegenwart, denn Ich drücke Mich dann durch das Schriftstück aus und durch euch, die ihr es unter Umständen verfaßt. Ich Bin im Kunden, im Patienten, im Schüler, in der Schülerin, im Pädagogen. Wer Mich als Gegenwart bejaht und mit Mir auf den Nächsten zugeht, der erlebt den Ausdruck Meiner Gegenwart im Pädagogen, im Schüler, im Kunden, im Patienten.

So, wie ihr auf das Werkstück zugeht, erlebt ihr Mich. Ihr steht an der Werkbank. O erkennet: Im Gerät Bin Ich Gegenwart. So ihr in Mir lebt, werde Ich zum Ausdruck der Gegenwart, und Ich werde immer für euch arbeiten und mit euch arbeiten, sei es über das Gerät, sei es über die Werkbank, einerlei, was ihr tut. Ich arbeite für euch und mit euch, und ihr werdet Mich in allem als den guten Freund erleben.

Deshalb erkennet: So ihr der Ausdruck Meiner Gegenwart werdet, werdet ihr in allem den Ausdruck Meiner Gegenwart sehen, hören, riechen, schmecken und tasten. Dann werdet ihr in der Welt stehen, jedoch nicht mit der Welt sein. Und so ihr nicht mehr mit der Welt seid, sondern festen Fußes in der Welt steht, wird euch die Welt nichts anhaben.

O erkennet: Auf diese Weise wächst das Vertrauen zu Mir und über das Vertrauen Disziplin und innere Stärke. Dann werdet ihr vor allem das Leben bejahen, das Ich Bin, und Achtung gewinnen vor dem Leben, das auch ihr seid. Auf diese Weise werdet ihr immer mehr in Harmonie gelangen und stille werden in Gedanken und Worten, und ihr werdet abwägen, was ihr denkt und was ihr sprecht. Und so werdet ihr Energie – und auch, so wie ihr sagt, Zeit – gewinnen, und wahrlich, ihr könntet dann weit Größeres tun. Voraussetzung ist jedoch der Ausdruck Meiner Gegenwart in euch und durch euch.

Gewinnt Achtung vor eurem Leben! Gewinnt Achtung vor jeder Handlungsweise. Gewinnt Achtung vor dem Wort, vor dem Gedanken, denn in allem Bin Ich. Und so ihr diese Achtung gewinnt, werdet ihr erkennen: Ich Bin der Ausdruck der Gegenwart in allem. Ich strahle euch Meine Liebe zu, und ihr werdet Mich mit den inneren Augen in der Frucht schauen. Ihr werdet Mich mit den inneren Augen im Patienten, im Kunden schauen. Ihr werdet Mich mit den inneren Augen in den geistigen Büchern schauen und im Herzen wahrnehmen. Ihr werdet Mich in allen Produkten und Waren schauen und Mich auch in euren Herzen wahrnehmen.

Wer in Mir lebt, der lebt in der Gegenwart. Und wer in der Gegenwart lebt, der lebt ausschließlich in Mir, denn Ich Bin die Gegenwart. Und wer in Mir lebt, der wird aus der Gegenwart, aus Mir, aus Meinem Bewußtsein, Großes tun. Das ist angesagt, und das ist offen-

bart. Und so ihr dies wollt, beginnt sofort. Jetzt ist Gegenwart!

Sieh Mich in deinem Nächsten. Erkenne Mich in jedem Schritt, in jeder Bewegung. Höre, Ich spreche zu dir über den Wind. Sieh – du siehst Mich in den Gestirnen. Schaue auf die Blätter des Baumes, und du siehst die Zellen deines Leibes und die Partikel deiner Seele. Nimm das Tier bewußt wahr, und du fühlst die Gegenwart des mächtigen Schöpfergottes. Jetzt kannst du es tun. Jetzt, in diesem Augenblick – immer ist Gegenwart.

Laß Mich zum Ausdruck der Gegenwart werden, lieber Bruder, liebe Schwester, und du erlebst eine mächtige Sonne in dir, die Sonne der Liebe, die du im Vater bist. Und du wirst nicht fragen, ob dir dies oder jenes gelingt. Was aus Mir ist, gelingt dir, und du kannst große Dinge tun, denn das ist vorgesehen für diese Zeit, weil Ich, der Christus, in dir, lieber Bruder, in dir, liebe Schwester, jeden Augenblick ewig gegenwärtig wirken möchte.

Ihr geht in eine sogenannte neue Woche. Ist die Woche Zukunft oder schon Gegenwart?

Nimm sie auf in dir, o Bruder, o Schwester, und erlebe Mich jetzt in der kommenden Woche, und du weißt: Mit Mir ist jetzt alles gut. Die Welt wird euch dienen, weil ihr nicht von der Welt seid. Denn wer nicht von der Welt ist, der steht über der Welt und steht doch fest in der Welt, und die schwache Welt wird dem Großen dienen. Denket daran: Das ist nicht Zukunft, sondern Gegenwart, so ihr in Mir verweilt. Tuet dies, und wisset: Die Heimat ist Gegenwart. Ihr geht nur zu euren irdischen Bestimmungsorten, doch die Heimat ist Gegenwart, und sie ist in jedem von euch.

Wahret den Frieden mit euren Nächsten, und ihr erlebt den Ausdruck der Gegenwart, den Ausdruck des Friedens, der Ich Bin.

Friede, Meine geliebten Brüder, Meine geliebten Schwestern.

In euch ist als Essenz und Kraft die Unendlichkeit. Erschließt die Fülle, das Licht, in euch

Offenbarung von Christus, 1995

Meine geliebten Brüder, Meine geliebten Schwestern. Ihr geht, so wie ihr sagt, wieder in eine neue Woche. Was wird wohl die neue Woche bringen? Sie kann nur Gutes bringen, wenn ihr im Guten verweilt, in Mir, dem Christus.

O sehet und erfasset: In jedem von euch befinden sich die Kräfte der Unendlichkeit. Machet euch dies bewußt: In jedem von euch befinden sich die Kräfte der ganzen Unendlichkeit. Ihr seid Erben des ewigen Reiches, und somit sind in euch die Kräfte des ewigen Reiches. Was heißt das für euch, die ihr Menschen seid? Ihr könnt aus der Fülle der Himmel schöpfen und aus der Fülle der Himmel geben, so daß sich Himmel und Erde verbinden als eine große Einheit. Das ist dann das Friedensreich auf dieser Erde, das Reich Gottes unter den Menschen, die göttlich sind.

O erkennet und erfasset und fühlet in euer Inneres hinein, und ihr wisset: Gott war und ist. Gott war ein Urteilchen. Und so, wie die Menschen sagen: „Das Firmament war dunkel." Doch Ich sage euch: Es war hell und ist hell, denn das eine Teilchen, Gott, leuchtete. Dieses eine Teilchen, Gott, hatte in sich alle Schöpfungskräfte. In diesem einen Teilchen waren alle Anlagen, die Gott, die Urkraft, das Teilchen, ausatmete und so die Fülle in die Unendlichkeit brachte: Sonnen, Welten, Wesen, Tiere, Pflanzen. Gott, das eine Teilchen, strahlte in die Unendlichkeit. Es begann sich zu bewegen, und aus dem einen Teilchen wurden zwei, das gebende und das empfangende. Beide bewegten sich und kamen in immer stärkere Rotation, und aus diesen zwei Teilchen wurde die ganze Unendlichkeit befruchtet. Aus zwei wurden viele – viele Sonnen, viele Welten, viele Wesen. Aus diesen vielen wurde viel mehr und eine Vielheit ohnegleichen.

Die beiden Teilchen atmeten aus und atmeten ein und brachten alle Schöpfungsformen in Bewegung. Aus viel wurde immer wieder viel mehr, und aus viel mehr wurde immer wieder viel, und aus dieser Vielheit kam immer mehr. Und alles gruppierte sich um diese beiden Teilchen, und dieser große Geist gab und gab und empfing von dem, was Er gab. So war es, so ist es, und so ist es ewiglich.

O sehet, in dieses große Schöpfungsgeschehen seid ihr, jeder einzelne von euch, eingebettet. Aus diesem mächtigen Atmungsprinzip, Gott, ist jeder von euch hervorgegangen, und Gott sprach nicht: „Danke Mir, und diene Mir." Er sagte: „Mein Kind, siehe, Ich Bin alles – alles Gute, alles Bin Ich. Siehe, Ich atme dir alles, aber auch alles in deine göttliche Partikelstruktur ein, und du bist in Mir alles. Komme in Bewegung und befruchte mit Mir und mit Meiner Kraft das Reich. Ja, besitze es in allen Einzelheiten, denn es ist dein!"

Die Dankbarkeit der himmlischen Wesen ist dahingehend, daß sie die Heimat, das ewige Sein, befruchten. Gott atmet und atmet durch die Wesen, und es wurden zu Beginn aus einem Wesen zwei, und sie waren und sind wieder eins. So war es, und so ist es ewiglich. Die mächtige Schöpfung gruppierte und gruppiert sich um die beiden Kräfte, die ihr auch die Ursonne nennt.

O sehet: Und Gott ist unendlich, und die Fülle ist unendlich. Es gibt keine Begrenzung. Es gibt kein Oben und Unten, kein Rechts und Links, kein Vorn und Hinten. Die Fülle ist da, und die Fülle ist Unendlichkeit, ewig schöpfende Liebe, ewig schöpfendes Sein. Und ihr tragt diese Kraft in euch, als Essenz die Schöpferfülle und als Kinder somit die unendliche Liebe des Vaters, der Mutter, die euch wiederum in das Prinzip des Vater-Mutter-Seins erhob.

Mit wenigen irdischen Worten, gesprochen durch Mein Instrument, habe Ich euch die Fülle, die unendliche Fülle angedeutet. Besitzet bewußt diese Fülle! Besitzet bewußt das ewige Reich, und ihr werdet die Himmel auf die Erde holen, und ihr werdet euch in eurer kommenden Woche nicht mehr begrenzen, denn ihr seid im Innersten grenzenlose Wesen. Die unendliche Fülle ist in euch. So ihr Schritt für Schritt euer geistiges Erbe, die innere Fülle, entfaltet, seid ihr – jeder einzelne von euch – eine Sonne, und ihr besitzt die Kräfte von unzähligen Sonnen. Und so ihr dieses Licht ausstrahlt, werdet ihr nicht mehr fragen: „Was kann ich heute geben?" – ihr gebt. Und ihr werdet die Kräfte haben, die euch alles ermöglichen in Meinem Sinne, nach Meinem Willen.

Und so die Landwirte über die Äcker gehen und sprechen „Es werde!", wird es werden eine Fülle unendlich. Eine kleine Parzelle, wie ihr sagt, auf der großen Erde – doch Ich sage euch: So ihr die innere Fülle entwickelt, ist diese kleine Parzelle die Sonne für die ganze Erde, und ihr werdet von der Mutter Erde empfangen, dort, wo bei euren Nächsten, die die Fülle des Inneren zugedeckt haben, mageres Land ist. Ihr werdet das dürre Land zu euch nehmen, und die Landwirte werden darübergehen – „Es werde!" –, und es wird fruchtbar werden. Denn wo Ich Meinen Fuß hinsetze durch Meine Brüder und Schwestern, dort wächst das Land, dort wächst die Frucht, dort ist Leben.

Ihr geht in die kommende Woche. Gedenkt Meiner Worte. In jedem von euch ist als Essenz und Kraft die Unendlichkeit. „Alles gebe Ich euch", so sprach der mächtige Geist, und Er gab es Seinen Kindern. Das habt ihr in euch. Das erschließt jeden Tag aufs neue, und ihr werdet erkennen, daß euch die Erde dient. Ihr werdet erkennen, daß die Früchte des Feldes zu euch reden, weil ihr sie in eurem Innersten entwickelt, ja entfaltet habt. Ihr werdet alles vermehren – immer mehr, immer mehr. So könnt ihr aus einer kleinen Parzelle herauswachsen für eine ganze Erde.

O sagt nicht, das wäre unmöglich. Wenn ihr so denkt, gewinnt ihr nicht. Doch wenn ihr euch bewußt macht, und jeden Tag aufs neue: Ihr seid Kinder der göttlichen Fülle,

Erben des Reiches Gottes und somit Erben der Unendlichkeit, Erben jeder Frucht, Erben dieser Erde, Erbe des ganzen Sonnensystems – wer ist dann wider euch? Und so er wider euch ist, was kann er erreichen? Er kann sich dann an euch messen und muß erkennen, daß er der Unterlegene ist.

O sehet, Ich mache keine Worte – Ich bringe euch durch die Worte euer wahres Sein nahe. Und wenn ihr kleingläubig seid, dann denkt an Meine Worte. Doch es nützt wenig, zu sagen, „Wir haben die Fülle, und jetzt muß die Fülle sein" – erschließe sie, jeden Tag! Und so wird jede Woche, jeder Tag lichter sein. Und je größer das Licht in euch ist, um so mehr strahlt die innere Fülle durch euch, und ihr werdet auch die äußere Fülle haben und geben, und es bleibt kein Blättchen und kein Restchen zurück.

Erfasset also den Sinn Meiner Worte, und gehet hin in dem Bewußtsein: Der große Geist ist nicht nur mit euch – Er ist in euch. Ihr seid Erben des großen Geistes, das Gesetz der Liebe selbst.

Meine geliebten Brüder, Meine geliebten Schwestern, bleibt im Frieden, und ihr bleibt in Mir, eurem Bruder, Christus, dem Friedefürst für diese Erde.

Friede.

Anhang

Seit 30 Jahren spricht ein großer Gottesprophet

Der Allgeist, GOTT, spricht unmittelbar durch Seine Prophetin in unsere Zeit hinein

Er spricht nicht das Bibelwort

14 göttliche Offenbarungen, gegeben in den Jahren von 1987 bis 1997, sind in diesem Band zusammengefaßt. Frappierend ist dabei oft der Bezug zu den brisanten Ereignissen der jetzigen Zeit, z.B. über das heutige Zeitgeschehen, über die unhaltbaren Zustände auf der Erde, den Mißbrauch der Lehre des Jesus, des Christus, durch die institutionellen Kirchen und vieles andere mehr. Dieses Buch vermittelt wie kaum ein anderes die Nähe Gottes zu uns Menschen und Seine tiefe Liebe zu jedem von uns. **Eine packende Lektüre für Wahrheitssucher aller Religionen, Rassen und Nationalitäten.**

266 S., geb., Euro 18,00, SFr 31,90, Best.-Nr. S 137, ISBN 3-89201-126-5

Katastrophen Erdumwälzungen Sterben

Gott hat rechtzeitig gewarnt

Der bedrohliche Zustand dieser Welt, in der sich Katastrophen häufen und überhandnehmen, kann wohl keinem wachen Zeitgenossen mehr verborgen bleiben. Viele fragen: „Wie kann Gott die Katastrophen, die Erdumwälzungen und das Sterben zulassen? Warum greift Er nicht ein?". In dieser Broschüre wird klar, daß Gott den Menschen keine Katastrophen schickt - im Gegenteil: Gott hat rechtzeitig gewarnt!

Broschüre, 64 S., Best.-Nr. S 445, Euro 5,00, SFr 9,30

Das ist Mein Wort A und Ω Das Evangelium Jesu

Die Christus-Offenbarung, welche inzwischen die wahren Christen in aller Welt kennen

Lesen Sie z.B. über: Kindheit und Jugend Jesu • Die Verfälschung der Lehre des Jesus von Nazareth in den vergangenen 2000 Jahren • Pharisäer gestern und heute • Jesus liebte die Tiere und setzte sich immer für sie ein • Sinn und Zweck des Erdenlebens • Voraussetzungen für die Heilung des Leibes • Jesus lehrt über die Ehe • Gott zürnt und straft nicht. Das Gesetz von Ursache und Wirkung • Die „ewige Verdammnis" ist eine Verhöhnung Gottes • Das Leben nach dem Hinscheiden des Körpers • Gleichstellung von Mann und Frau • Die kommende Zeit ... u.v.a.m.

1104 S., geb., Euro 13,00, SFr 23,60, Best.-Nr. S 007, ISBN 3-89201-153-2

Ursache und Entstehung aller Krankheiten

Was der Mensch sät,wird er ernten

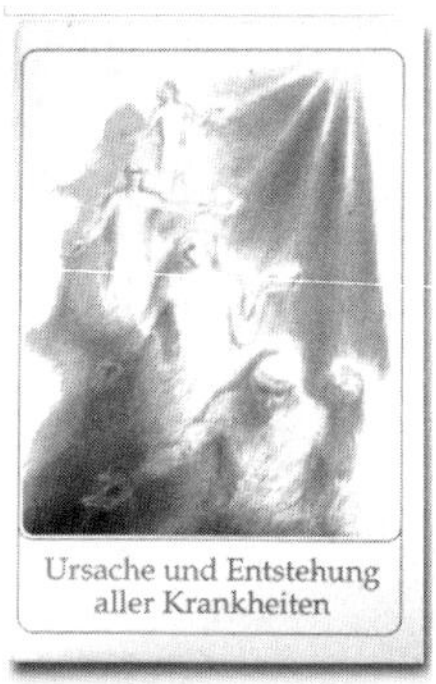

Was Philosophen und Naturwissenschaftler seit Jahrtausenden vergeblich zu ergründen suchen, wird hier aus der göttlich-geistigen Welt offenbart: die Entstehung des materiellen Universums, die Zusammenhänge zwischen Geist und Materie, die Wechselwirkungen zwischen Seele und Körper. Außerdem: Unbekannte Details über die Grenzbereiche zwischen Geist und Materie, über die Entwicklung zum Menschen, über die Vorgänge, die dieser durch seinen Umgang mit seinen Mitmenschen und mit den Kräften der Natur auslöst, sowie über die Wirkung der Gedankenkräfte auf das Leben des einzelnen und auf seine Umwelt, über Vergangenheit, Gegenwart und Zukunft der Erde u.v.a.m.

348 S., geb., Euro 18,00, SFr 31,90, Best.-Nr. S 117. ISBN 3-89201-049-8

Die hohen Lehren des Alls

Die großen kosmischen Lehren des JESUS von Nazareth an Seine Apostel und Jünger, die es fassen konnten

Die Lehrsätze aus den Großen kosmischen Lehren des JESUS von Nazareth - gegeben an den inneren Kreis Seiner Apostel und Jünger - werden von Gabriele in 5 Bänden erläutert. In unnachahmlicher Weise bringt sie nahe, was Leben ist.

Lernen Sie, sich selbst zu finden, dann werden Sie Ihren Nächsten verstehen lernen und erfahren, daß das kosmische Allgesetz in allen Menschen und letztlich allgegenwärtig ist. Es ist der Allgeist, den wir auch Gott nennen.Es geht z.B. darum, wie Sie still werden können, um sich selbst zu finden; und: wo es lang geht in unserem Leben. Darüber hinaus lernen Sie u.a., Ihren Nächsten richtig zu erfassen, in jeder Situation das Wesentliche zu erkennen und wie Sie zur richtigen Konzentration finden. So wird das Leben interessant und erfolgreich. Nehmen Sie diese Lehren mit dem Herzen auf, dann spüren Sie, wie nahe Gott auch im Alltag ist.

Die großen kosmischen Lehren des JESUS von Nazareth an Seine Apostel und Jünger, die es fassen konnten:

Als Taschenbuch: *224 S., kart., Format 10,5 x 15,2 cm, Euro 7,50, SFr 14,00, Best.-Nr. S 134, ISBN 3-89201-109-5*

mit Erläuterungen von Gabriele:

Band 1: *256 S., geb., Best.-Nr. S 317, ISBN 3-89201-055-2*
Auch in en, es, it

Band 2: *270 S., geb., Best.-Nr. S 319, ISBN 3-89201-056-0*

Band 3: *256 S., geb., Best.-Nr. S 320, ISBN 3-89201-057-9*

Band 4: *262 S., geb., Best.-Nr. S 321, ISBN 3-89201-058-7*

Band 5: *336 S., geb., Best.-Nr. S 322, ISBN 3-89201-033-1*

Je Band: Euro 10,00, SFr 18,30

Der Prophet

Die Stimme des Herzens, die ewige Wahrheit, das ewige Gesetz Gottes, gegeben von der Prophetin Gottes für unsere Zeit

Das Fundamentale in unserer Zeit zum Nachdenken und zur Selbsterkenntnis

Fragen an die Prophetin Gottes (1)

Fragen über Prophetie (2)

Die Stellung der Frau in der Gemeinde (3)

Der Aufbau des göttlichen Werkes und die Tat - die Betriebswirtschaft nach der Bergpredigt -, vom Geiste des Christus Gottes empfangen (4)

Verfolgung wegen Nachfolge Jesu. Das Glaubens- und Lebensbekenntnis der Urchristen im Universellen Leben (5)

Die Pirouetten des Lebens. Das Schicksal. Mein Schicksal, dein Schicksal, unser Schicksal, wessen Lebensplan? Der gerechte oder der ungerechte Gott? (6)

Das Leben der »Christen« im Jahreslauf (7)

Der sklavische Glaube und seine „Geheimnisse" (8)

Der Einheimische und der Prophet (9)

Der Jugendliche und der Prophet (10)

Wurde das Kirchenvolk kirchlich indoktriniert und gleichgeschaltet? Was ist Innere Religion - was ist äußere Religion? Was ist Freiheit - was ist Unfreiheit? (11)

Der Unbekannte, der sich selbst fremd ist. Brauchen wir „Heilige" als Fürbitter? Mutter Jesu - Mutter Gottes? Die Erbsünde. Dogma und Zwang zum Glauben. Die Nachfolge Jesu (12)

Schlagt die Bibel zu! Der Verrat an Jesus, dem Christus, und an den Propheten (13)

Der Atheist - ein Freund des Propheten? Das Sittengemälde der heutigen Zeit (14)

Tiere klagen - der Prophet klagt an! (15)

Der Mord an den Tieren ist der Tod der Menschen (16)

Gabriele-Briefe

1. *Advent und Weihnachten sind zum traditionellen heidnischen Brauchtum geworden - Mit Jesus, dem Christus, hat das nichts zu tun*

2. *Ein Streiflicht über die kirchengeschichtliche Entwicklung - Der wahre Gott hat noch nie in Kirchen aus Stein gewohnt ...*

3. *Die Gottes- und Nächstenliebe und das verbogene, entstellte Christentum*

4. *Gottes Wort, das Gesetz der Liebe und Einheit, und die Rechtlosen dieser Erde*

5. *Jeder stirbt für sich allein. Das Leben und Sterben, um weiterzuleben (ab Ende 2004 als Buch erhältlich)*

6. *Der Gabriele-Brief für Freiheitsdenker. Denken Sie mit und überlegen Sie. Treffen Sie frei Ihre Entscheidung*

Gratis-Broschüren erhältlich bei:

Allein in Partnerschaft und Ehe? Allein im Alter? Leben in der Einheit!

Du bist nicht allein - GOTT ist mit Dir

Das Erdenleben besteht im allgemeinen für uns Menschen aus einer Kette von Enttäuschungen. Man hofft, man sehnt sich und ist doch immer wieder unzufrieden. Man wünscht sich - meist bei einem Mitmenschen - Glück, Liebe und Geborgensein. Zuweilen meint man, nun endlich „angekommen" zu sein, aber wieder erfüllten sich die Erwartungen nicht - man ist doch wieder allein.

Gabriele zeigt auf, warum dem Menschen das Ziel seiner Hoffnungen in dieser Welt immer wieder entgleitet: die Wurzeln seiner Sehnsucht liegen tiefer. Daraus ergibt sich auch, wo die Erfüllung seiner Suche zu finden ist.

Jeder, der das möchte, kann den tiefen Darlegungen Gabrieles aus der göttlichen Weisheit folgen und z.B. lernen, wie er das Leben in der Einheit, Gott, erfahren und in die innere Stille gelangen kann, um Gott in sich zu begegnen - und somit die Schritte zu tun, die zum wahren, bleibenden Glück führen.

176 S., geb., Euro 14,80, SFr 26,60, Best.-Nr. S 367
ISBN 3-89201-192-3

Gerne übersenden wir Ihnen das Gesamtverzeichnis aller Bücher, CDs und Cassetten.

Verlag DAS WORT GmbH
Max-Braun-Str. 2, 97828 Marktheidenfeld
Tel. 09391/504135, Fax 504133
Internet: www.das-wort.com